ROLAND ALTER
SCHLECKER ODER:
GEIZ IST DUMM

W0047202

ZU DIESEM BUCH

Kontrolle und Einschüchterung von Mitarbeitern, strenge Hierarchien, fehlende Strategien für die Zukunft und eine falsche Unternehmenskommunikation nach außen. Das Image von Schlecker war seit langem von negativen Schlagzeilen bestimmt. Auch die Restrukturierungsmaßnahmen der letzten Jahre halfen nicht, das einstige Flaggschiff der Drogeriebranche vor dem Untergang zu bewahren. Als Schlecker Anfang 2012 schließlich Insolvenz anmeldete, war die Empörung und das mediale Echo groß. Inzwischen wurde das Unternehmen abgewickelt und zehntausende Mitarbeiter, größtenteils Frauen, landeten auf der Straße.

Wie es zu einer der größten Pleiten im deutschen Einzelhandel kommen konnte, legt der Experte Roland Alter anschaulich und faktenreich dar. Über den Aufstieg, den zeitweiligen Stillstand bis zum Absturz beschreibt er alle Phasen des Unternehmens und analysiert, was Schlecker gegenüber der Konkurrenz versäumt hat. Auch was daraus zu lernen ist und wie wichtig eine gesunde Unternehmenskultur ist, die die Bedürfnisse der Mitarbeiter berücksichtigt, macht dieses Buch deutlich.

ZUM AUTOR

Roland Alter ist Professor für Organisation und Allgemeine Betriebswirtschaftslehre und Leiter des Masterstudiengangs in Unternehmensführung / Business Management an der Hochschule Heilbronn. Davor sammelte er umfangreiche internationale Führungserfahrung bei Siemens, viele Jahre davon in den USA. Zuletzt leitete er die Abteilung für strategische Planung in der Konzernzentrale. Zu seinen Veröffentlichungen zählen *Die Wachstums-Champions: Made in Germany* (gemeinsam mit Christian Kalkbrenner, 2010), ausgezeichnet mit dem Großen Preis des Mittelstands der Oskar-Patzelt-Stiftung, sowie *Strategisches Controlling – Unterstützung des strategischen Managements* (2011).

Roland Alter

SCHLECKER oder: GEIZ IST DUMM

Aufstieg und Absturz eines Milliadärs

Rotbuch Verlag

ISBN 978-3-86789-170-7

1. Auflage
© 2012 by Rotbuch Verlag, Berlin
Umschlaggestaltung: Katharina Fuchs, Rotbuch Verlag
Druck und Bindung: CPI Moravia Books GmbH

Ein Verlagsverzeichnis schicken wir Ihnen gern:
Rotbuch Verlag GmbH
Alexanderstraße 1
10178 Berlin
Tel. 018 05 / 30 99 99
(0,14 Euro/Min., Mobil max. 0,42 Euro/Min.)

www.rotbuch.de

INHALT

VORWORT   7

   I.   EINLEITUNG   13

  II.   WENN UNTERNEHMEN SCHEITERN   19

 III.   DER SCHLECKER-WEG AN DIE SPITZE   30

 IV.   DER SCHLECKER-MOTOR FÄNGT
      AN ZU STOTTERN   49

  V.   DIE XL-KOSTENSENKUNG
      SCHLECKER-STYLE   70

 VI.   LETZTES AUFGEBOT:
      DAS SCHLECKER-IMPERIUM BRENNT   108

VII.   FOR YOU. VOR ORT. VORBEI:
      SCHLECKER-LAND IST ABGEBRANNT   148

VIII.   DIE LEHREN AUS SCHLECKER   163

QUELLEN   179

VERWEISE   188

VORWORT

Das vorliegende Buch findet seinen Ursprung in den Recherchen zu *Die Wachstums-Champions: Besser als die Konkurrenz*. Einer Veröffentlichung, die 2010 erschien und als Mittelstandsbuch 2010 ausgezeichnet wurde. In diesem Buch wurden besonders wachstumsstarke Unternehmen im Hinblick auf ihre Erfolgsfaktoren untersucht. Zu diesen Wachstums-Champions zählt die Drogeriemarktkette dm.

Ein Vergleich von dm mit dem deutschen Drogeriemarkt zeigt deutlich die besondere Wachstumsdynamik dieser Drogeriekette. Das Wachstum von dm übertrifft seit Jahren den Branchendurchschnitt. Unter diesem Aspekt war es ein nahe liegender Schritt, die Entwicklung des Marktführers Schlecker zu untersuchen.

Die Betrachtung startete mit sehr einfachen Fragen: »Woran liegt es, dass dm wächst und Schlecker stagniert? Ist es die Qualität der Führung?«

Was exzellente Führungskräfte, vor allem an der Spitze eines Unternehmens, kennzeichnet, ist die klare Orientierung an Werten. Sie akzeptieren Realitäten, wie unangenehm diese auch sein mögen, aber sie richten ihre Entscheidungen letztlich an den Werten aus. Auch ihnen unterlaufen Fehler. Aber sie übernehmen dafür die persönliche Verantwortung und korrigieren diese Fehler schnellstmöglich.

Die Analysen zu Schlecker zeigten im Vergleich dazu ein so klares Bild von Fehlern im gesamten Spektrum der Unternehmensführung, dass die Drogeriekette in dem 2011 veröffentlichten Buch *Strategisches Controlling* als Musterfall aufgenommen wurde. Aber schon vorher war Schlecker einer der bevorzugten Übungsfälle im Masterstudiengang Unternehmensführung / Business Management an der Hochschule Heilbronn.

Schlecker ist ein Lehrbeispiel für Versagen in der Unternehmensführung. Das Verstehen – bei allen Grenzen einer Betrachtung von außen – kann helfen, in ähnlichen Situationen bessere Entscheidungen zu treffen.

An dieser Stelle möchte ich noch sehr herzlich den wissenschaftlichen Mitarbeiterinnen Frau Marina Wilhelm und Frau Christina Meinert für das Unterstützen bei Recherchen und Abbildungserstellung danken sowie Herrn Joachim Bethke für die sehr wertvolle IT-Hilfe. Herr Tim Fritzenschaft, M. A., hat mich mit Recherchen und wichtigen Hinweisen zum Manuskript unterstützt.

Frau Christel Blumberg, freie Wirtschaftsjournalistin aus Düsseldorf, hat mir ebenfalls sehr wertvolle Hinweise zum Manuskript gegeben, wofür ich ihr Dank sage.

Mein spezieller Dank gilt in doppelter Hinsicht meiner Frau Susanne: Zum einen für die Anmerkungen zum Manuskript und zum anderen für ihr Nachsehen, denn eigentlich hatte ich versprochen, erst einmal kein Buch mehr zu schreiben.

Prof. Dr. Roland Alter
Heilbronn/Obersulm, April 2012

Gegenüber der Erstveröffentlichung als E-Book im April 2012 wurde für die vorliegende Ausgabe neben kleineren Anpassungen noch im Kapitel VII die Entwicklung bis zum Juli 2012 berücksichtigt.

Prof. Dr. Roland Alter
Heilbronn/Obersulm, August 2012

AUFSTIEG UND ABSTURZ:
WENN DER KOMPASS VERSAGT

 Aus dem »Leitbild des Ehrbaren
Kaufmanns im Verständnis der
Versammlung Eines Ehrbaren
Kaufmanns zu Hamburg e.V.«:

Der Ehrbare Kaufmann ist Vorbild in seinem Handeln.
– Er läßt sich erkennbar von seinen Werten leiten, auch
in schwierigen Situationen.
Der Ehrbare Kaufmann schafft in seinem Unternehmen
die Voraussetzungen für ehrbares Handeln.
– Er wirkt auf die Organisation ein und gibt vor, dass
seine Maximen gelebt werden.
– Er gibt die Werte des Ehrbaren Kaufmanns an
folgende Generationen weiter.
Der Ehrbare Kaufmann legt sein unternehmerisches
Wirken langfristig und nachhaltig an.
– Er reflektiert die Folgen seines Handelns für sein
Unternehmen und sein Umfeld.

*Versammlung Eines Ehrbaren Kaufmanns zu Hamburg
e.V., 2012.*

I.
EINLEITUNG

Am 10. September 2009 strahlt der Sender Kabel 1 in seinem »K1 Magazin« einen Bericht über Schlecker aus, der Furore machen wird.[1] Er beginnt mit der Schilderung der Erlebnisse von Sonja Ross, einer 37-jährigen Schlecker-Verkäuferin aus Kassel-Oberzwehren. Es ist eine Schilderung, die beim Zuschauen unmittelbar die Frage aufdrängt: Was läuft da bei Schlecker ab?

Sonja Ross: Ich bin jetzt seit zehn Jahren hier und wohne auch im Dorf. Es hat sich ein sehr guter Kontakt zu den Kunden mittlerweile aufgebaut. Es rufen mich privat schon Kunden an, ältere Leute, die es einfach nicht mehr schaffen, hier runterzulaufen, ob ich ihnen einfach was mitbringen könnte oder so. Es ist schon sehr vertrauenswürdig, sage ich jetzt mal, mittlerweile.

K1 Magazin: Sonja Ross hat sich immer mit ihrem Unternehmen identifiziert und arbeitet gern auch mal länger, als sie muss. Erst vor neun Monaten wurde sie für ihre treue Mitarbeit ausgezeichnet. In einer Urkunde spricht ihr die Unternehmensleitung Dank und Anerkennung aus und hofft auf eine weitere erfolgreiche Zusammenarbeit. Unterschrieben von Anton Schlecker persönlich.

Eine Auszeichnung, über die sich die ganze Familie Ross gefreut hat, die nur wenige hundert Meter von der Schlecker-

Filiale entfernt wohnt. Doch als die Verkäuferin aus ihrem
Urlaub auf Sylt zurückkommt, ist es mit der Freude schnell
vorbei. Im Briefkasten: Post – von Schlecker.
Sonja Ross: *Ich bin an den Briefkasten, hatte dann den Brief*
von Schlecker in der Hand. – Ja, hab ihn aufgemacht und
hatte dann wirklich schwarz auf weiß die Kündigung. Ja und,
ich weiß nicht, ich kriege auf einmal wieder einen Stich ins
Herz einfach. Es tut auf einmal weh, das macht mich traurig.

Sonja Ross ist im Jahr 2009 kein Einzelfall. Sie stand den Plänen
des Unternehmens im Weg, neue und großflächige Läden
(Schlecker XL) mit Niedriglöhnen zu betreiben. Nicht sie, Sonja Ross als Einzelperson, war das Problem. Das Problem aus
Sicht des Unternehmens waren sie alle: die Verkäuferinnen in
den tausenden kleinen Schlecker-Läden. Verkäuferinnen, deren Bezahlung aus Sicht von Schlecker drastisch reduziert werden sollte. Und so bringt der Titel der Reportage es auch genau
auf den Punkt. Hinter der schönen Fassade der Schlecker-XL-
Läden steht »Lohndumping XL«.

Dies war die Realität bei Schlecker, Deutschlands größtem
Drogerieunternehmen. Einem Unternehmen, das der Firmen-
gründer und Patriarch Anton Schlecker erst zur Größe und
dann in den Untergang führt. Er ist es, der an der Spitze des
Unternehmens steht, als die Schlüsselentscheidungen getroffen
werden. An seiner dominierenden Position lässt er keinen
Zweifel aufkommen. So heißt es 2010 auf der Schlecker-Home-
page mit unmissverständlicher Deutlichkeit: »Alleininhaber ist
Anton Schlecker, der eigenständig über die Strategie und die
Unternehmenspolitik entscheidet.«[2]

Was diesen einmal so erfolgreichen Unternehmer in seiner
nach innen gewandten Allmacht zu Fall gebracht hat, war:
Geiz.

Es war aber nicht allein der übliche Geiz. Dieser hat zwar auch eine wichtige Rolle gespielt. Aber neben dem materiellen Geiz sehen wir ganz deutlich einen Geiz in nicht-materiellen Dingen.

Es handelte sich um einen immateriellen Geiz, der sich in zwei Richtungen zeigte, und sich darüber hinaus in der Unternehmenskultur ausdrückte. Einer Unternehmenskultur, in der es einen unübersehbaren Mangel an Vertrauen und Respekt gegenüber Menschen gab. Und dieses Nicht-Vertrauen führte schließlich zu einer Kultur von Druck und Kontrolle. Wie viel Respekt bringt ein Unternehmer seiner langjährig gedienten Mitarbeiterin entgegen, wenn er sie nach seiner eigenhändig unterschriebenen Jubiläumsgratulation so vor die Tür setzt? Wie viel Respekt bringt er den anderen Mitarbeiterinnen entgegen, wenn er sie an dem einen Tag kündigt, um sie am nächsten Tag über ein Zeitarbeitsunternehmen billiger wieder einzustellen?

Dieser Geiz nach innen, er setzt sich auch nach außen fort. Es ist der Geiz an Kommunikation. Es ist diese extreme Verweigerung, sich offen einer kritischen Diskussion zu stellen. Zu keinem Zeitpunkt hat sich Anton Schlecker aus innerer Überzeugung einer solchen Diskussion gestellt. Wenn er sich nach vielen Jahren an der Spitze des Unternehmens wieder zu einem Interview herablässt, dann nur, weil er »keinen Ärger mehr haben möchte«. Mit anderen Worten: Er will nicht kommunizieren. Er will in Ruhe gelassen werden. Deutschland wird ihn in Ruhe lassen, aber nicht, wie er sich dies wünscht: Millionen von Kunden werden abwandern und sein geschäftliches Schicksal besiegeln.

Geschäftlich und gesellschaftlich haben sich die Zeiten seit der Eröffnung des ersten Schlecker-Drogeriemarktes im Jahr 1975 dramatisch geändert. Es ist anscheinend dieser tief verwurzelte materielle und immaterielle Geiz, der es Anton Schlecker so schwer macht, sich den veränderten Realitäten zu stellen. In geschäftlicher Hinsicht wird er dies, wenn auch zu spät, realisieren. In gesellschaftlicher Hinsicht bleibt er eine erkennbare Veränderung hingegen schuldig. Es sind seine Kinder, Lars und Meike Schlecker, die dieser zu späten Veränderung ein Gesicht geben.

Die Geschichte von Schlecker soll nachfolgend in ihren zeitlichen Hauptphasen betrachtet werden (siehe Abb. 1). Es sind zeitliche Abschnitte, die sich auch überlappen. Die Zeitangaben sind entsprechend als Näherungswerte zu verstehen. Ein exaktes Datum sticht allerdings heraus: Es ist der 23. Januar 2012, der Tag des Insolvenzantrags.

Die Schlecker-Saga vollzieht sich in Phasen

1975	**»Der Weg an die Spitze«**
	• Kontinuierliche Expansion
	• Erringen der Marktführerschaft
2003/2004	**»Der Motor fängt an zu stottern«**
	• Strategische Stagnation im Kernmarkt
	• Zunehmende Wettbewerberangriffe
2007	**»Die XL-Kostensenkung Schlecker-Style«**
	• Starten strategischer Aktionen
	• XL-Läden und Meniar
	• Scheitern des Lohndumpings
2010	**»Letztes Aufgebot:**
	Das Schlecker-Imperium brennt«
	• Lars und Meike Schlecker übernehmen
	• Restrukturierung scheitert
23. Januar 2012	**»For You. Vor Ort. Vorbei«**

Abb. 1: Die Phasen der Schlecker-Saga

1. Der Weg an die Spitze

Die Schlecker-Saga beginnt mit einer Phase des Aufstiegs. Es ist eine Zeit, die Schlecker mit stürmischem Wachstum an die Spitze des deutschen Drogeriemarktes bringt. Sie ist die strahlende Phase, nach außen. Diese Phase beginnt mit dem ersten Drogeriemarkt 1975 und endet 2003/2004.

2. Der Motor fängt an zu stottern

Der Phase des Aufstiegs folgt ein Abschnitt der strategischen Stagnation. Obwohl das Unternehmen zunehmend von Wettbewerbern attackiert wird, bewegt es sich kaum. Das Unternehmen beginnt in seinem Kernmarkt Deutschland zurückzufallen. Es sind klare Merkmale einer strategischen Krise zu erkennen. Diese Phase umfasst den Zeitraum von 2003/2004 bis 2007.

3. Die XL-Kostensenkung Schlecker-Style

Erst ab 2007 sind nennenswerte strategische Aktionen im Kernmarkt zu erkennen. Sie beginnen vor allem mit dem Kauf der Drogeriekette Ihr Platz. Damit werden allerdings nicht die Schlüsselprobleme angegangen. Als Anton Schlecker dann wirklich reagiert, rennt er ohne funktionierenden Kompass in das Verderben. Im Versuch, gleichzeitig Läden zu modernisieren und Kosten zu senken, greift Schlecker zu Maßnahmen des Lohndumpings und erlebt eine katastrophale Niederlage. Ihm wird in der Folge der mehr als zweifelhafte Ruhm zuteil, dass seine Machenschaften zu einem Gesetz des Deutschen Bundestags führen, der sogenannten »Lex Schlecker«. Diese Phase beginnt 2007 und endet Anfang 2010. In dieser Zeit hat sich die strategische Krise zur Ergebniskrise verschärft.

4. Letztes Aufgebot: Das Schlecker-Imperium brennt

Die anschließende Phase steht unter dem Versuch des Schlecker-Clans, die notwendige Schadensbegrenzung durchzuführen und die Restrukturierung aus eigener Kraft voranzutreiben: »Schlecker: For You. Vor Ort.«. Der Werbeslogan wird zum prägenden Merkmal. Die Krise verschärft sich weiter und wird von einer Ergebniskrise zu einer Liquiditätskrise. Diese letzte Phase endet am 23. Januar 2012. Der Tag, an dem das Unternehmen seinen Insolvenzantrag beim Amtsgericht Ulm stellt. Es ist dieser Tag, an dem auch die unternehmerische Saga von Anton Schlecker endet. Wenig spricht dafür, dass sie eine Fortsetzung finden wird.

II.

WENN UNTERNEHMEN SCHEITERN

Wie stehen Kunden, Wettbewerber und Unternehmen zueinander in Beziehung? Was hat das mit der Strategie von Unternehmen zu tun? Welche Phasen durchläuft ein Unternehmen in der Krise?

Hinterher ist man immer schlauer! Diese einfache Weisheit kennt jeder, und ihr ist ja auch nur schwer zu widersprechen, sollte man meinen. Wann nutzen wir diese Feststellung eigentlich typischerweise? Wenn Dinge sich nicht so entwickelt haben, wie wir das gern wollten. Wenn es nicht »nach Plan« lief. Auch Meike Schlecker wird diesen Satz am 30. Januar 2012 in der Pressekonferenz am Firmensitz in Ehingen aussprechen.[3]

Und tatsächlich treten oftmals Ereignisse ein, die uns überraschen und plötzlich sind die schönsten Pläne, ob privat oder beruflich, zunichte gemacht. Wenn wir allerdings ehrlich zu uns selbst sind, stellen wir fest, dass nicht alle Ereignisse völlig überraschend kamen. Irgendwo im Hinterkopf hatten wir sie schon einmal durchgespielt und dann verworfen. Sei es, weil sie uns als nicht sehr wahrscheinlich erschienen, oder weil sie einfach nicht in unser Bild passten.

Dieses Phänomen findet sich nicht nur im persönlichen Umfeld, sondern auch in der Unternehmenswelt. Wenn Unternehmen scheitern, dann nicht wegen schicksalhafter Ereignisse.

Ähnlich wie bei einem Flugzeugabsturz gibt es eine Flugbahn, die sich nachverfolgen lässt. Leider fehlt uns aber die wichtige »Blackbox«, aus der wir sekundengenau ablesen könnten, wie sich die Dinge zugetragen haben. Und doch können wir in den meisten Fällen die wesentlichen Fehlentwicklungen erkennen. Und selten gab es einen Fall, bei dem sie so deutlich wurden, wie bei Schlecker.

In den folgenden Kapiteln soll der Aufstieg und Fall von Schlecker in den eingangs skizzierten Phasen beschrieben werden. Tief fallen kann nur, wer hoch aufgestiegen ist. Beide Abschnitte sind untrennbar miteinander verbunden. Denn was Schlecker während seines Aufstiegs den Schub verschaffte, war zentral für den späteren Absturz. Um den Lesern dies besser zu verdeutlichen, sollen in diesem Kapitel einige Zusammenhänge der Unternehmensführung erläutert werden. Keine Angst: Es wird nicht zu kompliziert.

Vorab noch kurz zu den Begriffen »Führung« und »Management«, die im Folgenden identisch benutzt werden:

- Führung (= Management) als Prozess beschreibt das Erreichen von Resultaten. Dies geschieht durch Willensbildung und Willensdurchsetzung gegenüber anderen Personen.
- Führungskräfte (= Manager) üben diesen Prozess aus. Sie tragen damit auch die Verantwortung; sie müssen Einstehen für Handeln und auch Nicht-Handeln.[4] So trägt ein angestellter Manager auch die Verantwortung gegenüber den Eigentümern.

Anton Schlecker nimmt in dieser Hinsicht eine Doppelfunktion wahr. Er ist der Eigentümer des Unternehmens, das als »e. K.« firmiert: eingetragener Kaufmann. Zugleich ist er auch die oberste Führungskraft des Unternehmens. In letzter Konsequenz trägt er damit in doppelter Hinsicht die Verantwortung für Handeln und Nicht-Handeln im Unternehmen.

Um die späteren Geschehnisse bei Schlecker besser zu verstehen, ist es wichtig, in einem ersten Schritt den Blick zu schärfen. Und vielleicht hilft in dieser Hinsicht das Bild einer speziellen Brille, die wir uns dann gemeinsam aufsetzen wollen. Einer Brille, durch die wir gemeinsam die Schlecker-Saga dann »durchschauen«. Getreu dem Motto: »Die Wissenden sehen mehr.«

Unsere Brille hat die Funktion, wie ein Filter zu wirken. Sie blendet bestimmte Wahrnehmungen aus, damit wir die verbleibenden Bilder besonders deutlich sehen können. Unsere Brille benutzt zu diesem Zweck zwei Filtergläser, die für die Thematik besonders gut geeignet sind. Der eine Filter zeigt das Unternehmen in seinem Umfeld. Der andere Filter zeigt die Art der Entscheidungen in einem Unternehmen. Unser erster Filter hat die Form eines Dreiecks. Es ist das Marktdreieck (siehe Abb. 2).

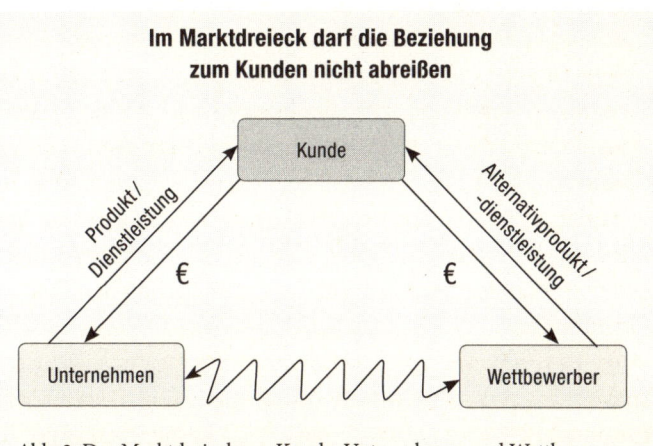

Abb. 2: Das Marktdreieck aus Kunde, Unternehmen und Wettbewerbern

Dieses Dreieck beschreibt die Hauptdarsteller und ihre Beziehungen:

- Kunden
- Wettbewerber
- Das Unternehmen

Neben diesen drei Handelnden gibt es noch eine Vielzahl von anderen Einflussgruppen, wie z. B. Lieferanten, Banken, staatliche Organisationen und Gewerkschaften, um einige zu nennen. Für unsere Betrachtung ist aber das Dreieck von entscheidender Bedeutung. Es gilt in seiner Einfachheit für alle Arten von Unternehmen. Alles lässt sich am Ende auf dieses Dreieck zurückführen: Die Existenz eines Unternehmens hängt davon ab, die Kundenwünsche besser zu erfüllen, als dies die Wettbewerber können.

Eigentlich eine triviale Feststellung. In der Realität ist dies jedoch keineswegs so einfach. Woran liegt das? Je nach Branche entwickeln sich die Kundenwünsche sehr unterschiedlich. Entscheidungen werden nicht nur »rational« getroffen, sondern auch in erheblichem Maße durch Emotionen beeinflusst. Dies gilt speziell für Konsumgütermärkte, wie eben auch die Drogeriebranche.

Gleichzeitig sind die Handlungen der Wettbewerber nur schwer vorhersehbar. Mitunter treten auch neue Konkurrenten in den Markt ein, die wir so nicht auf dem Radarschirm hatten. Ein gutes Beispiel dafür sind Digitalkameras. Eine ganze Reihe Hersteller, wie z. B. Sony, Panasonic oder Casio, kamen erst über die Digitaltechnologie in den Kameramarkt. Andere traditionelle Hersteller, wie z. B. Minolta, konnten sich nicht behaupten und mussten den Markt verlassen.

Das Dreieck veranschaulicht damit das Grundthema der

Unternehmensführung: Wenn die Verbindung vom Unternehmen zum Kunden unterbrochen wird, kommt es zu einer lebensbedrohlichen Krise für das Unternehmen. Alle Aktionen der Unternehmensführung müssen deshalb darauf ausgerichtet werden, diese »Arterie« zu stärken und Angriffe des Wettbewerbs abzuwehren.

Im Zentrum dieses Dreiecks steht die einfache Warum-Frage: »Warum sollte ein Kunde bei uns kaufen und nicht bei der Konkurrenz?«

Wir werden später sehen, dass Anton Schlecker auf diese Frage zu Beginn seiner Erfolgsgeschichte eine einfache Antwort geben konnte. Je weiter sich aber die Geschichte entwickelt, desto weniger wird er dazu noch in der Lage sein.

Dieser erste Filter, das Dreieck aus Kunden, Wettbewerbern und Unternehmen, ist sicherlich auch durch die tägliche Erfahrungswelt gut nachvollziehbar. Etwas spezieller sieht es mit dem zweiten Filter unserer Brille aus. Er hilft uns zu verstehen, worüber Unternehmen im Einzelnen entscheiden, und ob diese Entscheidungen richtig oder falsch sind. Dieser Filter ist im Grunde wie eine Pyramide aufgebaut. Zur Vereinfachung wird diese Pyramide in Abbildung 3 als Dreieck dargestellt.

Die zentrale Aussage besteht darin, dass sich die Führung eines Unternehmens auf den drei inhaltlichen Ebenen einer Führungspyramide vollzieht[5]:

- Normative Führung
- Strategische Führung
- Operative Führung

Die normative Ebene der Führung umfasst vor allem die übergeordneten Ziele des Unternehmens (z. B. »Wir wollen das weltweit führende Unternehmen unserer Branche werden.«), die

Die Ebenen der Unternehmensführung unterscheiden sich in den Inhalten

NORMATIV

Übergeordnete Ziele, Werthaltungen, Unternehmenskultur

STRATEGISCH

Schaffen und Verteidigen von Erfolgspotentialen »Die richtigen Dinge tun«

OPERATIV

Laufender Einsatz von Erfolgspotentialen »Die Dinge richtig tun«

Abb. 3: Die drei Ebenen der Unternehmensführung

grundsätzlichen Werthaltungen und eng damit verbunden die Unternehmenskultur.

Die Werthaltungen bestimmen die ethischen Grundeinstellungen des Handelns. Ein Beispiel bildet die prinzipielle Wertschätzung gegenüber anderen Menschen, seien es Mitarbeiter, Kollegen oder Kunden. Werden z. B. unterstellte Mitarbeiter, losgelöst von der Hierarchie, zuallererst als Menschen gesehen oder in erster Linie als Kostenfaktor? Werthaltungen geben damit vor allem in kritischen Situationen die so wichtige Orientierung. In dem Leitbild des Ehrbaren Kaufmanns, wie es ganz zu Beginn angeführt wurde, finden wir den direkten Bezug zu den Werthaltungen: »Der Ehrbare Kaufmann ist Vorbild in seinem Handeln. Er läßt sich erkennbar von seinen Werten leiten, auch in schwierigen Situationen.«[6]

Die Unternehmenskultur baut vor allem auf den Werthaltungen auf. Eine Unternehmenskultur umfasst sichtbare und nicht sichtbare Elemente. Werthaltungen sind dann sichtbar, wenn sie in einer Handlung deutlich werden. Darum sind es vor allem die kritischen Situationen, die Rückschlüsse auf die Werthaltungen erlauben. Findet ein Unternehmen auch in schwierigen Zeiten noch Wege, um die Stammbelegschaft zu halten, oder gilt »Hire and Fire«? Ebenfalls ein sichtbares Zeichen der Unternehmenskultur sind spezielle Symbole. Dies können gegenständliche Dinge sein, wie z. B. das Firmen-Logo. Aber auch die Art, wie Erfolge oder Misserfolge kommuniziert werden, kann Symbolcharakter besitzen. Werden z. B. Vertriebsmitarbeiter entsprechend ihren Erfolgen in einer frei zugänglichen Rangliste geführt, ist dies ein klar sichtbarer Ausdruck der Unternehmenskultur.

Wenn wir verstehen wollen, wieso es zum Absturz von Schlecker kam, wird diese normative Ebene, und dort speziell die Werthaltungen, eine entscheidende Rolle spielen.

Mittelpunkt der strategischen Ebene bilden die sogenannten Erfolgspotentiale. Es sind die Voraussetzungen im Hinblick auf Produkt und Markt, um überhaupt erfolgreich sein zu können. Ein Erfolgspotential bei einem Automobilunternehmen wäre ein neues Fahrzeug in Verbindung mit der Fabrik, um einen speziellen Markt zu erschließen. Ein konkretes Beispiel ist hier der VW-Konzern, der seinen Anteil im US-Markt genau über diesen Weg erhöhen will. Ob das Ziel erreicht wird, steht noch nicht fest, aber das Vorhandensein der Erfolgspotentiale ist die Voraussetzung.

Ebenfalls der strategischen Ebene können die Grundsatzentscheidungen zur Organisation und die Besetzung der Schlüsselpositionen (z. B. Vorstand) zugerechnet werden. Der Zeithorizont strategischer Entscheidungen ist mittel- bis langfristig.

Auf der operativen Ebene steht die optimale Nutzung vorhandener Erfolgspotentiale im Vordergrund: Wie nutzen wir

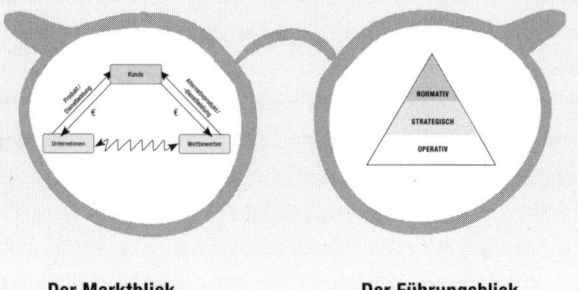

Abb.: 4: Die Analysebrille aus Markt- und Führungssicht

bestmöglich unsere vorhandenen Läden, unsere vorhandenen Fabriken etc.? Der Zeithorizont ist hier typischerweise kurz- bis mittelfristig.

Wenn die Entscheidungen auf der strategischen Ebene falsch getroffen wurden, dann kann operativ nicht mehr viel »herausgerissen« werden. Die falschen Produkte, eine nicht wettbewerbsfähige Fabrik, all das kann dann im operativen Bereich bestenfalls noch abgemildert werden. In der Regel schlagen die strategischen Fehler im operativen Bereich dann mit voller Wucht durch.

Abbildung 4 skizziert unsere spezielle Brille. Lassen sie uns einen ersten Sehtest durchführen, um zu verstehen, was bei einer Unternehmenskrise eigentlich passiert.

Wenn ein Unternehmen wie Schlecker in Insolvenz geht, dann ist das typischerweise das Ende einer längeren Krisenentwicklung.[7] Am Beginn einer Krise steht die Strategiekrise. Das Unternehmen realisiert nicht, dass die Erfolgspotentiale bedroht sind. Man sonnt sich in den Erfolgen, die ihren Ursprung noch in der Vergangenheit haben, und ignoriert heraufziehende Bedrohungen. Denn noch sprudeln die Gewinne, die Marktanteile sind hoch und das Leben ist schön. Wer will dann schon gern von Problemen hören?

Ein Beispiel aus der Telekommunikationsbranche lieferte hier in jüngster Zeit Nokia. Lange Zeit war das Unternehmen unangefochten an der Spitze des Handy-Marktes mit weitem Vorsprung vor der Konkurrenz. Das verleitete Nokia dazu, die aufkommenden Smartphones nicht wirklich ernst zu nehmen. Als die Bedeutung von Smartphones schließlich realisiert wurde, hatten die Wettbewerber den neuen Markt schon besetzt. Der bisherige Marktführer muss jetzt selbst wieder Anschluss finden.

Wenn nicht gehandelt wird, entwickelt sich die Strategiekrise Schritt für Schritt zur Ergebniskrise. Die sinkenden Marktanteile finden dann ihren Niederschlag im Zahlenwerk. Die Umsätze und Gewinne schrumpfen, es kommt schließlich zu Verlusten. Die Mehrzahl der Unternehmen wacht erst hier auf und versucht den Steuerknüppel herumzureißen. Es gibt aber auch die Fälle, in denen noch weiter gezögert wird. Der notwendige Wandlungsbedarf wird nicht erkannt, unangenehme Wahrheiten werden schöngeredet. Probleme werden zu »Challenges« umdefiniert … und nichts passiert. Vielleicht wird das Problem dann schließlich doch gesehen, aber es fehlt oftmals die Entschlossenheit zum Handeln, die Wandlungsbereitschaft. Mit dem Fortschreiten der Krise wird zugleich die Handlungsfähigkeit immer stärker eingeschränkt.

Wenn aber nicht wirkungsvoll gehandelt wird, dann spitzt sich die Ergebniskrise weiter zu. Sie entwickelt sich schließlich zur Liquiditätskrise. Das Unternehmen befindet sich auf einer absolut existenzbedrohenden Bahn. Die Verbindung zu den

Kunden funktioniert immer weniger. Damit kommt nicht mehr genügend Geld durch das laufende Geschäft herein, um die Zahlungsverpflichtungen zu erfüllen. Wenn nicht durch drastische Maßnahmen und durch Kapitalzufuhr massiv gegengesteuert wird, ist der Crash unvermeidbar. Die Uhr ist abgelaufen.

Abbildung 5 skizziert die einzelnen Phasen der Krise in Anlehnung an die Flugbahn eines Flugzeugs.

Bei diesem Bild ist immer daran zu denken, dass ein Unternehmen eine ansteigende Bahn als Ziel hat. Die ansteigende Bahn entspricht dem, was auch als »erfolgreiche Weiterentwicklung« beschrieben wird. Um beim Flugzeugbeispiel zu bleiben:

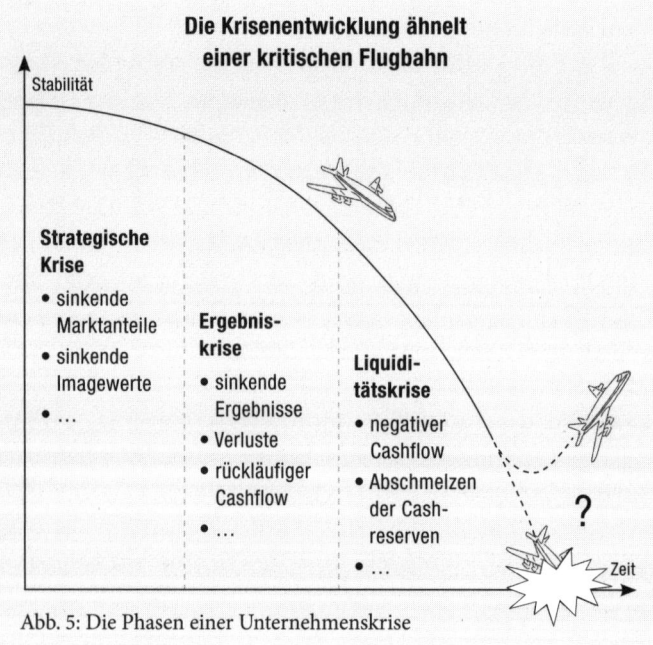

Abb. 5: Die Phasen einer Unternehmenskrise

Der Flugkapitän möchte, dass sein Flugzeug an Flughöhe gewinnt. Dies geschieht aber bei einer Krise nicht.

Je später der Kapitän realisiert, dass sich das Flugzeug auf einer kritischen Bahn befindet, umso später können Gegenmaßnahmen eingeleitet werden. Dort, wo zu Beginn noch leichte Korrekturen gereicht hätten, müssen jetzt immer drastischere Maßnahmen ergriffen werden. Ab einem gewissen Punkt ist das Flugzeug nicht mehr zu retten. Es kommt zum Crash. Bei Unternehmen ist das die Insolvenz.

Dies soll als kleine Einführung in einige grundlegende Zusammenhänge ausreichen. Wir werden jetzt für die weiteren Kapitel immer wieder gemeinsam die beschriebene Brille mit den beiden Filtern nutzen. Sie werden als Leser vermutlich dann selbst sehr schnell zu ihren eigenen Schlussfolgerungen kommen.

III.

DER SCHLECKER-WEG
AN DIE SPITZE

Wie schaffte es Schlecker, zum König der Drogeriemärkte zu werden? Was waren seine speziellen Fähigkeiten und die Voraussetzungen, die ihn erfolgreicher machten als Konkurrenten? Wie hängt der Aufstieg von Schlecker mit dem Wegfall der Preisbindung zusammen?

Landesweite Preisbindung für Haarshampoo, für Toilettenpapier, Rasierklingen, Parfüm etc. Das klingt überhaupt nicht nach Marktwirtschaft, sondern nach Planwirtschaft. Und doch sprechen wir nicht über die HO-Läden in der ehemaligen DDR, sondern den Einzelhandel in der Bundesrepublik Deutschland zu Anfang der siebziger Jahre. Was heute längst der Geschichte angehört, war damals noch die Realität: Die Preisbindung für Markenartikel, und damit insbesondere eine Vielzahl von Drogerieartikeln.

Die Preisbindung für Markenartikel war gleichbedeutend mit einer ausgeprägten Machtposition für die Hersteller von Markenprodukten. Das galt insbesondere für die Zeit der Wirtschaftswunderjahre mit dem enormen Nachholbedarf im Konsumgüterbereich. Die Hersteller legten die Preise für ihre Produkte unter Einschätzung der Marktsituation eigenständig fest. Der »Kaufmann an der Ecke«, in diesem Fall der Drogeriehändler, hatte keinen Einfluss auf die Preispolitik und agierte gewissermaßen als verlängerter Arm der Hersteller. Die Hersteller ihrerseits hatten bei der Preissetzung vor allem die Konkurrenzprodukte im Auge. Ebenso mussten sie darauf bedacht sein, dass die Preise für die Einzelhändler auskömmlich waren.

Der Einzelhandel dieser Zeit kann vielleicht am besten mit dem Begriff »kleinteilig« beschrieben werden. Es handelte sich vor allem im Lebensmitteleinzelhandel um eine Vielzahl kleiner Läden. Die Kunden befanden sich im unmittelbaren, oftmals fußläufigen Einzugsbereich, womit den Läden eine ausgesprochene Nahversorgungsfunktion zukam. Ähnlich, wenn auch nicht mit der gleichen Dichte, galt dies für die Drogeriehändler. Es liegt auf der Hand, dass die logistische Versorgung dieser Kleinläden mit ihren geringen Verkaufsmengen alles andere als effizient und kostengünstig war. Dies führte insgesamt zu vergleichsweise hohen Preisen für Markenartikel.

Das ganze Gefüge wurde durch die Preisbindung für Markenartikel zusammengehalten, mehr oder weniger. Denn ein Unternehmen namens Aldi hatte begonnen, in schmucklosen Geschäften seine Produkte als Eigenmarken zu verkaufen, und zwar zu ausgesprochen niedrigen Preisen. Getreu dem Motto: Wer seine Schokolade unter einer Eigenmarke verkauft, legt eben den Markenartikelpreis selbst fest. Mit diesem Konzept war Aldi praktisch unabhängig von der Frage, ob es eine Preisbindung für Markenartikel gibt oder nicht. Allerdings konzentrierte sich der Aldi der frühen Jahre noch auf ein deutlich kleineres Sortiment, als es heute anzutreffen ist. Drogerieartikel standen hier nicht im Mittelpunkt. Denn im Drogeriebereich ist die Frage der Markenartikel hoch komplex. Marken spielten und spielen hier eine größere Rolle als in vielen anderen Bereichen des Lebensmitteleinzelhandels.

Durch die Änderung des Gesetzes gegen Wettbewerbsbeschränkungen (GWB) zum 1. Januar 1974 wurde die Möglichkeit zur Preisbindung mit wenigen Ausnahmen (so z.B. für Bücher) beendet. Generell war klar, dass das Ende der Preisbindung für Markenartikel weitreichende Folgen haben würde. Die Hersteller würden wie bisher ihre Verkaufspreise an den Handel bestimmen. Darüber hinaus würden sie aber keine Preispolitik mehr betreiben können. Das Festlegen der Endkundenpreise würde zur neuen und schärfsten Waffe des Handels im Kampf um den Kunden werden. Damit deutete sich schon eine Machtverschiebung in Richtung Handel an.

Den Preis als Wettbewerbswaffe einsetzen zu können, bedeutete vereinfacht: Niedrige Preise anbieten, und zwar niedriger als die der Konkurrenz. Diese niedrigeren Preise waren andererseits auf Dauer nur mit einer besseren Kostenposition möglich. Wer es also schaffen würde, die bessere Kostenposition zu besitzen, könnte dann über den Preis angreifen und wachsen. Und wachsen. Und wachsen.

All das leuchtet unmittelbar ein und nimmt die nachfolgenden Geschehnisse schon etwas vorweg. Aber wieso war es gerade Anton Schlecker, der diese Möglichkeit sah und dann nutzte? Vielleicht lässt sich dies am besten mit dem Blick von zwei Standorten erklären: Dem Blick in der Ebene und dem Blick von einem Berg. In der Ebene wird der Blick zumeist schon nach kurzer Zeit behindert. Sei es durch natürliche Objekte wie Bäume oder Hügel oder einfach durch Gebäude. Sobald man sich auf einem Berg befindet, erweitert sich der Blick ganz erheblich. Es ist kein unbegrenzter Blick, aber ein Blick, der weiter geht, als er in der Ebene möglich wäre.

Es scheint so zu sein, dass sich Anton Schlecker zu dem entscheidenden Zeitpunkt, als die Preisbindung für Markenartikel fiel, auf einem »Berg« befand. Seine persönliche Historie ermöglichte es ihm, weiter zu sehen als dem durchschnittlichen Kaufmann seiner Zeit. Für die meisten Kaufleute dürfen wir unterstellen, dass ihre Situation mehr dem »Blick in der Ebene« ähnelte. Sie konkurrierten mit den wenigen anderen Kaufleuten, die an ihr kleines Einzugsgebiet angrenzten. Ihre Informationen bezogen sie aus einem von drei Fernsehkanälen, aus Tageszeitungen zumeist regionaler Prägung oder aus dem Radio. Die Informationsverbreitung war generell langsam. Wir befinden uns noch viele Jahre vor der Informationsrevolution durch das Internet.

Was ist nun konkret mit diesem »Berg« gemeint, der Anton Schlecker einen besseren Ausblick ermöglichte? Hatte er einen besonders großen Drogeriehandel, den er leitete, oder befand er sich in einer der Großstädte wie Hamburg, Düsseldorf oder Frankfurt, wo bundesdeutsche Trends besser zu erspüren waren? Nichts von alledem. Auch war er als gelernter Metzgermeister alles andere als der vorgezeichnete Idealkandidat, um einmal den Drogeriemarkt zu beherrschen. Aber er brachte einen anderen entscheidenden Erfahrungshintergrund mit. Er arbeitete als Metzgermeister im väterlichen Unternehmen, das offensichtlich nur wenig mit einer klassischen Metzgerei zu tun hatte. Zum Zeitpunkt seines Eintritts in das Unternehmen 1965 handelte es sich um eine Fleischwarenfabrik mit 17 angeschlossenen Metzgerei-Filialen.[8]

Die Erfahrungen mit dem Filialsystem seines Vaters bildeten offensichtlich den »Berg«, der es Anton Schlecker dann ermöglichte, weiter zu sehen als der klassische Kaufmann in der »Ebene«. Er konnte bereits Erfahrungen mit den Vorteilen eines Filialsystems zu einer Zeit sammeln, als dies für seine späteren Konkurrenten noch weitgehend unbekannt war. Und er nutzte diese Erfahrungen, um sich auf das Gebiet der Warenhäuser zu begeben. Nach dem ersten SB-Warenhaus in Ehingen, Baden-Württemberg, folgen weitere Eröffnungen in Neu-Ulm, Geislingen an der Steige, Göppingen und Schwäbisch Gmünd.

1974 fällt schließlich die Preisbindung für Markenartikel. Ein Jahr später eröffnet Anton Schlecker den ersten Drogeriemarkt in Kirchheim unter Teck. Von da an geht es rasant bergauf. 1977 betreibt Schlecker schon mehr als 100 Drogerien. Bis 1984 steigt die Zahl auf 1 000.[9] Und das war nur der Anfang. Wie war das möglich? Ein Blick durch unsere Spezialbrille hilft, dies besser zu verstehen. Sie erinnern sich, wir schauen auf ein Dreieck aus Kunden, Konkurrenz und, in diesem Fall, Schlecker.

Der Erfolg von Schlecker erklärt sich in diesem Dreieck vor allem durch zwei Aspekte: Das Kundeninteresse an sinkenden Preisen und die schnell dominierende Stärke von Schlecker gegenüber seinen Konkurrenten.

Was nämlich häufig missverstanden wird: Wirtschaftlicher Erfolg in diesem Dreieck erfordert nicht absolute Perfektion. Es erfordert, besser zu sein als die Konkurrenz. Und diese Konkurrenz war eben sehr schwach. Es waren die einzelnen Drogeriehändler, die aufgrund ihres relativ geringen Einzugsgebietes und ihrer Kostenstruktur vergleichsweise hohe Preise fordern mussten. Diese Konkurrenten attackierte Schlecker.

Dazu entschied er sich für eine konsequente Strategie der Kostenführerschaft. Niedrige Kosten in allem sollten die Basis für niedrige Endkundenpreise bilden. Diese niedrigen Preise sollten zu entsprechendem Mengenwachstum führen: Volumen! Und das Einkaufsvolumen, das von keinem anderen Händler erreicht wird, schafft die Basis für die niedrigsten Einkaufspreise der Branche. Niedrigere Einkaufspreise sind die Voraussetzung für die beste Kostenposition der Branche. Das ermöglicht Flexibilität bei den Kundenpreisen und vor allem im Resultat dann Überschüsse. Diese Überschüsse bilden die Grundlage für Gewinnentnahmen oder für Investitionen. Neben Investitionen in die Infrastruktur, wie z. B. Logistikzentren, wird vor allem in die Eröffnung neuer Läden investiert. Beim Schlecker-

Prinzip steht die Masse im Vordergrund, es sollen möglichst schnell möglichst viele Läden sein. Abbildung 6 veranschaulicht dieses Prinzip.

Abb. 6: Wirkungsprinzip der Filialexpansion

Alles in allem handelt es sich damit um eine Art Schneeballprinzip. Dieser Schneeball kommt dann zum Stoppen, wenn es keine geeigneten Standorte für neue Märkte mehr gibt. Oder neue Konkurrenz auf den Plan tritt. Aber das ist Gegenstand eines späteren Kapitels.

Für diese Startphase von Schlecker gilt, dass die lokalen Konkurrenten regelrecht aus dem Markt »gekegelt« wurden. Was Schlecker dabei im Speziellen half, war die Entwicklung im klassischen Lebensmitteleinzelhandel. Das starke Wachstum von Aldi und das Aufkommen weiterer Filialisten führten dazu, dass immer mehr der typischen Tante-Emma-Läden schließen mussten. Die betreffenden Ladenflächen waren kaum attraktiv für andere Mieter, was entsprechend Druck auf die erzielbaren Mieten ausübte. Genau dies wusste Schlecker geschickt zu nutzen. Gewissermaßen im Windschatten dieser anderen Branchenentwicklung konnte Schlecker sehr kostengünstig neue Läden anmieten und damit die lokalen Drogeriehändler attackieren.

Damit die Expansion auch wirklich keine Gefahr für die Kostenposition darstellte, wurde, wo immer möglich, gespart, so auch bei der Ausstattung. Die Schlecker-Abkürzung VST bezeichnet eine sogenannte Verkaufsstelle. Es braucht nicht viel Phantasie, um sich unter diesem Begriff die berühmt-berüchtigten Neonröhren der Schlecker-Läden vorzustellen. Das ist gefühlt alles sehr viel näher an einer planwirtschaftlichen »Waren-Abgabestation-gegen-Zahlungsmittel« als an einer modernen, ansprechenden Einkaufsatmosphäre.

Würde man nach einem Symbol für die Nicht-Atmosphäre der Schlecker-Läden suchen, dann ist sie es: die Neonröhre.

Hätte es ein Firmenwappen des Unternehmens gegeben, dann hätte neben dem Firmennamen auch zwingend die Neonröhre ihren Platz finden müssen. Eine zumeist simple, nicht verkleidete Röhre. Sie ist das Sinnbild für eine auf das Notwendigste reduzierte Ausstattung, die dem Kunden nichts als das absolute Minimum geben will. Sie ist als Beleuchtungsinstrument sehr effizient und wahrscheinlich hat Schlecker auch exzellente Mengenrabatte herausgehandelt. Aber sie ist kalt in ihrer Wirkung. In der ersten Phase der Unternehmensentwicklung ist dies noch ohne große Bedeutung. Aber in den nachfolgenden Jahren werden mehr und mehr Kunden feststellen, dass dies eine Atmosphäre ist, die nicht wirklich zum Einkauf von hochwertigen Drogerieprodukten passt. Knauserigkeit in der

Ausstattung mag zu Wasch- und Reinigungsmitteln passen, zu Gesichts- und Körperpflegeprodukten passt sie in den kommenden Jahren immer weniger.

Aber es wird schon zu Beginn nicht nur an der Ausstattung gespart, sondern ganz offensichtlich auch an der Bezahlung der überwiegend weiblichen Belegschaft. So kommt es 1998 in Stuttgart zu einer Verurteilung:

> *Das Stuttgarter Landgericht erließ Strafbefehl gegen Herrn und Frau Schlecker – je zehn Monate auf Bewährung und eine Million Euro Geldstrafe lautete das Urteil damals. Die Richter sahen es als erwiesen an, dass das Unternehmer-Ehepaar viele seiner Beschäftigten schlichtweg betrogen hatte. Bis 1995 gaukelten die beiden Hunderten Verkäuferinnen die Zahlung von Tariflohn vor, speisten sie tatsächlich aber mit weniger ab.*[10]

Das war also Anton Schlecker, der Angreifer im Markt. Diesem Angreifer stand dann ein typischer, traditionell arbeitender Drogeriehändler gegenüber. So sind diese Händler dann auch leichte Widersacher für den aggressiv wachsenden Unternehmer aus Ehingen. Oder um es konkreter zu sagen: für den erfolgreichen Patriarchen aus Ehingen. Den Einzelkaufmann Anton Schlecker, der ausgezogen ist, um sich an die Spitze des Marktes zu setzen.

Ist die Startphase des Unternehmens als ein Erfolg zu werten? Eine einfach klingende, und doch für den weiteren Verlauf nicht zu unterschätzende Frage. Die Antwort ist: »Ja, aber …«

Das Ja bezieht sich auf die Expansion als solche. Zweifellos stellt die Expansion eine enorme unternehmerische Leistung dar. Sie stoppt ja nicht im Jahr 1984, sondern setzt sich auch danach noch fort. Anton Schlecker expandiert mit Macht in

Deutschland und er expandiert auch ins Ausland. Schon 1987 wird mit dem Aufbau eines Filialnetzes in Österreich begonnen. Ihm folgen Tochtergesellschaften in Spanien und den Niederlanden. Mit der Übernahme des französischen Unternehmens »Superdrug« gelingt 1991 der Einstieg in den französischen Markt. 1999 folgt der Schritt nach Italien. Ab 2004 werden eine Reihe weiterer Länder angegangen: Dänemark, Polen, Belgien, Tschechien, Ungarn und Portugal.[11]

Schlecker ist, was diese Entwicklung betrifft, eine Erfolgsgeschichte. Es gibt allerdings auch das Aber. Wie schon eingangs gesagt, stürzen Flugzeuge nicht aus heiterem Himmel ab, ebenso wie Unternehmen nicht ohne weiteres in Insolvenz gehen. Oft muss nur lange genug in der Entwicklungsgeschichte geforscht werden, dann tauchen an irgendeinem Zeitpunkt die ersten Hinweise für die späteren Ereignisse auf. Mit der Verurteilung des Ehepaares Schlecker durch das Stuttgarter Landgericht haben wir einen solchen Hinweis. Schlaglichtartig gelangt an die Oberfläche, dass in diesem Unternehmen offensichtlich gravierende Missstände bei der Bezahlung der Belegschaft bestanden.

Dieser Aspekt ist vergleichbar mit einem ersten auffälligen Punkt auf der Flugbahn eines Flugzeuges, der letztendlich zum Absturz führen wird. Noch sind es weit mehr als zehn Jahre bis zu der Insolvenz, aber bereits zu diesem Zeitpunkt zeigt sich, dass das Unternehmen hier möglicherweise ein gravierendes Problem mit sich trägt. Um dies besser zu verstehen, wollen wir unsere Analysebrille nutzen.

Wenn wir durch diese Brille schauen, dann sehen wir ein zweigeteiltes Bild. Auf der strategischen Ebene ist Anton Schlecker mit seinem Unternehmen außerordentlich erfolgreich. Er wird 1994 zum Marktführer und erobert Stadt und Land. Er übertrifft seine Konkurrenten um ein Vielfaches und dominiert den Drogeriemarkt. Er ist in der Lage, die zentralen Erfolgsfaktoren in dieser Periode optimal abzudecken und damit Erfolgspotentiale zu schaffen, und sie dann im Marktdreieck auch mit großem Erfolg zu nutzen:

1. Erfolgsfaktor »Preis«: Die Preise von Schlecker sind niedriger als die der Wettbewerber. Schlecker ist »preisberühmt«.
2. Erfolgsfaktor »Sortiment«: Die Produktpalette ist im Vergleich zu den Wettbewerbern umfangreich. Schlecker kann als »der Drogeriehändler« punkten.
3. Erfolgsfaktor »Lage«: Schlecker-Filialen sind leicht erreichbar und zumeist näher gelegen als die der Konkurrenz. Kein anderer Drogeriehändler deckt Deutschland mit Filialen so flächendeckend ab.
4. Der Erfolgsfaktor »Ladengestaltung und Einkaufserlebnis« spielt hingegen in dieser Phase noch eine geringe Rolle. Die Kunden akzeptieren die nüchterne Ausstattung der Schlecker-Verkaufsstellen.
5. Ebenso ist der Erfolgsfaktor »Vertrauen in ein Unternehmen« noch ohne nennenswerte Bedeutung. Er wird sich erst in einer späteren Phase entwickeln.

Mit anderen Worten: Die wesentlichen Erfolgsfaktoren auf der strategischen Ebene hat Schlecker in dieser Phase beherrscht, und zwar besser als die Konkurrenz. In der Einleitung war schon die Warum-Frage angesprochen worden: »Warum sollte ein Kunde bei uns kaufen und nicht bei der Konkurrenz?« Schlecker konnte das Warum in dieser Phase der Unternehmensgeschichte mit Leichtigkeit beantworten: Kunden kaufen bei Schlecker ein, weil die Läden besser erreichbar, das Angebot größer und die Preise niedriger sind.

Der Kampf um den Kunden wurde maßgeblich über diese

drei Faktoren ausgetragen. Die Bedeutung dieser Faktoren ist natürlich nicht gleich groß. Sie variiert z. B. schon von Kunde zu Kunde. Für unsere Zwecke soll es jedoch zur Vereinfachung ausreichen, dass wir die Erfolgsfaktoren als gleichwertig betrachten.

Wir interpretieren das Ganze im Folgenden als einen Wettkampf in unterschiedlichen Disziplinen. So stellt z. B. der Wettkampf um die besten Preise eine der Disziplinen dar. Dieser Wettkampf wird von Schlecker und seinen Konkurrenten um den Kunden ausgetragen. Der Sieger in einer Disziplin erhält einen Punkt und bei annähernder Gleichheit erhalten beide Seiten je einen Punkt.

In der Aufstiegsphase von Schlecker war, wie Abbildung 7 zeigt, der Punktestand im Kampf um die Kunden eindeutig. Das Resultat: Schlecker gegen Konkurrenz: 3:0.

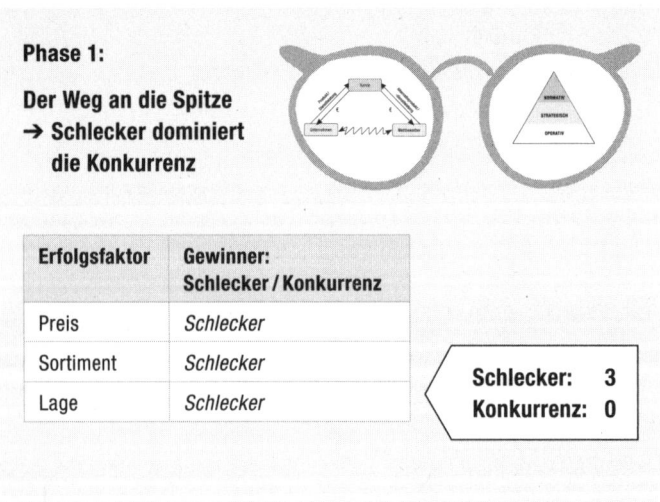

Phase 1:

Der Weg an die Spitze
→ Schlecker dominiert
  die Konkurrenz

Erfolgsfaktor	Gewinner: Schlecker / Konkurrenz
Preis	*Schlecker*
Sortiment	*Schlecker*
Lage	*Schlecker*

Schlecker: 3
Konkurrenz: 0

Abb. 7: Der Blick durch die Brille: Die Anfangsphase

Der große Erfolg seines Unternehmens wird auch Anton Schlecker finanziell ganz nach oben katapultieren. Er wird in die Liga der Milliardäre aufsteigen. Einer kleinen Gruppe von Personen, die sich durch weit überdurchschnittlichen wirtschaftlichen Erfolg auszeichnen. Es ist dieses Schlagwort, das wohl mehr als alles andere genutzt wird, um ihn zu charakterisieren. Dies und seine öffentlichkeitsscheue Art, denn er ist »Anton Schlecker: Milliardär hinter Mauern«[12]

Anton Schlecker wird jedenfalls mit seinem Drogerieimperium zu einem der reichsten Männer Deutschlands. Im Jahr 2009, als er seinen 65. Geburtstag feiert, wird sein Vermögen auf 2,75 Milliarden Euro geschätzt.[13] Und entsprechend schwäbischer Tradition ist das Unternehmen solide finanziert.[14] Es ist insgesamt eine enorme wirtschaftliche Leistung, die von Anton Schlecker erbracht wurde. Und die Basis dieser Leistung liegt in der beschriebenen Aufstiegsphase des Unternehmens.

Somit wäre die Welt nach dem ersten Blick durch unsere Analysebrille in bester Ordnung, gäbe es nicht das angesprochene Aber. Wir wollen dieses Aber wegen seiner großen Bedeutung für die weiteren Geschehnisse noch näher betrachten. Denn neben der strategischen Ebene gibt es die normative Ebene. Also dort, wo die Fragen der Unternehmenskultur im Mittelpunkt stehen. Dort, wo es um Werthaltungen und die Einstellungen zur Belegschaft geht. Und wie sieht es im normativen Bereich aus? Beim Blick durch unsere Brille zeigt sich, dass das Unternehmen gravierende Schwächen besitzt. Die späteren Probleme kamen eben nicht aus heiterem Himmel. Im Gegenteil, dem äußerst erfolgreichen Geschäftsmodell steht eine offensichtlich sehr problematische Unternehmenskultur gegenüber.

Diese problematische Unternehmenskultur mit all ihren einzelnen Facetten bildete eine Hypothek für die Zukunft des Unternehmens. Sie fällt aber in einen Bereich, der oftmals auch als »weiche Faktoren« bezeichnet wird. Und entsprechend gibt es hier kein Grundbuch, in dem die Hypothek eingesehen werden könnte. Diese Hypothek lässt sich nicht in Begriffen von Euro und Cent messen, oder genauer genommen in D-Mark und Pfennig.

D-Mark und Pfennig. Das erinnert uns auch wieder daran, dass wir über eine zeitliche Phase sprechen, in der »weiche Faktoren«, wie speziell die Unternehmenskultur, nur eine untergeordnete Rolle spielten. In der öffentlichen Diskussion wurden Fragen der Unternehmenskultur kaum thematisiert. Die Beurteilung von Unternehmen, so weit sie überhaupt stattfand, orientierte sich vor allem am Konkreten. Und das waren für den einzelnen Konsumenten eben Preis, Sortiment und Lage. Sie gaben für den Verbraucher den Ausschlag in der persönlichen Erfahrung. Übergeordnet war es die Wachstums-Erfolgsstory von Schlecker, die das Image prägte.

Im persönlichen Bereich trägt sich ein Ereignis zu, dass sicherlich Einfluss auf das Kommunikationsverhalten von Anton Schlecker hatte. Kurz vor Weihnachten 1987 werden Lars und Meike Schlecker, die beiden Kinder des Ehepaares Schlecker, entführt. Anton Schlecker zahlt ein Lösegeld in Millionenhöhe und die Kinder können sich zum Glück befreien. Die Täter werden erst viele Jahre später gefasst.[15]

Wohl auch als Folge dieses Geschehens kommt es zur weitgehenden Abschottung der Schlecker-Familie nach außen. Interviews oder Fotos werden zur raren Ausnahme. Das Unternehmen trägt den Namen des eingetragenen Kaufmanns Anton Schlecker und ist mit seinen Läden überall präsent. Aber die Person Anton Schlecker ist für die Öffentlichkeit faktisch nicht mehr existent. Er bildet in dieser Hinsicht keine Ausnahme. Es bestehen reale Sicherheitsbedrohungen, neben Entführungen auch Attentatsanschläge, wie z. B. der Mord an Alfred Herr-hausen, dem Vorstandsvorsitzenden der Deutschen Bank. All das führte bei einer ganzen Reihe von Firmeninhabern dazu, dass sie sich nach außen hin abschotteten.

Dieses Abschotten nach außen, so verständlich und zugleich bedauerlich die Gründe auch sein mögen, erklärt für sich allein allerdings nicht die Probleme der Unternehmenskultur von Schlecker. Es scheint eher so zu sein, dass hier ein grundsätzliches Problem vorherrschte, das in den kritischen Phasen der Unternehmensentwicklung besonders deutlich wird: Schlecker hatte keinen funktionierenden Kompass für die weichen Faktoren der Unternehmensführung.

Ein Kompass weist die Richtung, gibt die Orientierung. All das scheint bei Schlecker nicht funktioniert zu haben. In den entscheidenden Situationen, als es um »weiche Faktoren« ging, hat der Kompass offensichtlich nicht funktioniert. Und selbst wenn schließlich reagiert wurde, dann geschah dies nicht aus Einsicht. Es war der öffentliche Druck, den Anton Schlecker nicht länger ignorieren konnte.

Die Amerikaner sprechen bei einem Kompass und seiner Anzeige auch von »True North«. Was damit gement ist, ist eine korrekte Anzeige der Nordrichtung. Einer Anzeige, die für das weitere Handeln als klare Orientierung dient. Wer das »True North« nicht kennt, wird den richtigen Weg nicht finden. Genau das passiert im Fall von Schlecker. Es hätte in der Geschichte dieses Unternehmens genügend Gründe gegeben, den »Schlecker-Kompass« zu überprüfen. Vielleicht gingen auch Ideen in diese Richtung, aber das konkrete Handeln gibt eine andere Realität wieder.

Dieser nicht funktionierende Kompass scheint in enger Beziehung zu dem ausgeprägten Misstrauen von Anton Schlecker gegenüber anderen Menschen zu stehen: »Schlecker ist extrem misstrauisch. Gegenüber Banken, Gewerkschaften, der Öffentlichkeit, den Mitarbeitern, eigentlich allen gegenüber – außer der Familie und den wenigen Freunden, die er hat.«[16]

Was wir bei Schlecker sehen, erinnert unmittelbar an eine der Schlüsselfragen der Unternehmensführung. Es ist die Frage, welches Menschenbild in einem Unternehmen für das Handeln gilt. Diese Frage ist für die Schlecker-Thematik von so grundlegender Bedeutung, dass wir sie näher betrachten wollen.

Was wir vorfinden, sind Merkmale, wie sie der Harvard-Managementforscher Douglas McGregor als Theorie X und Theorie Y beschrieben hat. Sie kennzeichnen zwei völlig unterschiedliche Sichtweisen auf den Menschen in der Arbeitswelt:[17]

Theorie X

1. Menschen besitzen eine natürliche Abneigung gegen Arbeit. Daher versuchen sie, ihr aus dem Weg zu gehen, wo nur möglich (»opportunistisches Verhalten«).
2. Diese Arbeitsunlust der Menschen macht eine strenge, kontrollorientierte Führung unerlässlich, um die Ziele des Unternehmens zu erreichen.
3. Die angeborene Abneigung gegen Arbeit ist so stark, dass sie auch nicht mit Geld überwunden werden kann. Hierzu bedarf es der Androhung von Sanktionen.
4. Menschen bevorzugen Routineaufgaben, besitzen geringen Ehrgeiz und sind auf Sicherheit aus.
5. Die Mehrzahl der Menschen scheut die Übernahme von Verantwortung.

In der Theorie X kommt somit ein sehr pessimistisches Menschenbild zum Ausdruck. Es ist vollkommen gegensätzlich zu den Aussagen der Theorie Y:

Theorie Y

1. Körperliche und geistige Anstrengung beim Arbeiten kann als genauso natürlich angesehen werden wie Spiel oder Ruhe.
2. Menschen sind bereit, sich freiwillig Selbstdisziplin und Selbstkontrolle aufzuerlegen, wenn sie die Ziele innerlich akzeptieren.
3. Diese innerliche Akzeptanz von Zielen hängt insbesondere davon ab, ob damit zugleich auch persönliche Ziele erreicht werden können.
4. Die Voraussetzungen bzw. Talente für die Lösung organisatorischer Probleme sind in der Bevölkerung weit verbreitet. Allerdings werden diese Talente nur unzureichend genutzt.
5. So weit die richtigen Bedingungen vorliegen, suchen Menschen sogar die Verantwortung.

Verkürzt lässt sich der Unterschied zwischen Theorie X und Theorie Y in einer Aussage zusammenfassen: Theorie X führt auf direktem Weg zu einer Kontrollkultur, Theorie Y hingegen zu einer Vertrauenskultur.

Das Verhalten von Schlecker basiert auf Theorie X. Es ist ein Verhalten, in dem die Worte »Kontrolle« und »Druck« einen zentralen Platz einnehmen.

Exemplarisch wird diese Schlecker-Kultur im Jahr 2003 durch die Journalisten Christian Keun und Karsten Langer an den Pranger gestellt. Noch sind es fünf Jahre bis zu den verhängnisvollen Entscheidungen zur Nutzung der Zeitarbeitsfirma Meniar. Aber die negativen Ausprägungen der Unternehmenskultur werden auch außerhalb des Unternehmens bereits deutlich wahrgenommen: »Familie Schlecker: Knüppeln, knausern, kontrollieren«. Die beiden Journalisten beschreiben in ihrem Artikel eine ausgeprägte Kontrollkultur:

> *Das gesunde Misstrauen gegenüber den menschlichen Schwächen seiner Mitarbeiter nahm Schlecker zum Anlass, ein rigoroses Kontrollsystem zu installieren. Um die sogenannten Inventurverluste zu minimieren, werden sowohl Bezirksleiter als auch Filialleiter dazu angehalten, regelmäßig die Taschen der Kollegen zu überprüfen. Weitere Kontrollen betreffen die Bargeldbestände der Kassen, die Spinde und die Privatfahrzeuge. Auch die Kameras in den Läden werden zur Beaufsichtigung der Mitarbeiter eingesetzt.*[18]

Eine ausgeprägte Unternehmenskultur, wie die von Schlecker, wird von der Unternehmensspitze vorgelebt und setzt sich durch die Hierarchien fort. Und im Falle des Unternehmens Schlecker findet sich eine Vielzahl von Belegen für »Knüppeln, knausern, kontrollieren«.

Unter der Überschrift »Schlecker verschärft Kontrolle« beschreibt die Journalistin Tina Kaiser am 25. September 2005 in ihrem Artikel auf *Welt Online* entsprechende Beispiele aus dem Alltag des Unternehmens. Sie stellt fest: »Im Schlecker-Reich regiert die Angst. Überwachung, Druck und Kontrolle sind bei dem Handelskonzern Methode.«[19]

Ein spezielles Beispiel für die gelebte Unternehmenskultur zeigt Abbildung 8. Es ist die Abschrift eines Schreibens, das ein Bezirksleiter an die Verkaufsstellen gerichtet hat. Das Dokument spricht für sich und bedarf keines weiteren Kommentares.

Box 3: Schreiben eines Bezirksleiters an die Verkaufsstellen[21]

„mit der letzten VVW Sitzung wurde Ihnen eine Übersicht der Gesamt-bestellungen Shoppingcenter je VKST ausgehändigt! Einhellig waren alle anwesenden Mitarbeiter der Meinung das das Ergebnis erschreckend war!!!!!
(…)
Ich würde mal sagen, ein jeder muß hier sagen, „Ich hab kaufmännisch versagt" Nehmen sie Ihre Gesamtkundenzahl und setzen sie mal die Ge-samtanzahl Ihrer Bestellungen hierzu in Relation!!!!

Dies zeigt Ihnen deutlich auf wie erfolgreich bzw. erflglos sie waren und sind!!!!!!!!!!

Jeder Mitarbeiterin muß bewußt sein, dass die Aktive Vermarktung von SHS [Schlecker Home Shopping] einen zusätzlichen Umsatz ermöglicht. Dieser zusätzlicher Umsatz ist eine reine Arbeitsplatzsicherung. Mitarbei-ter die das nicht sehen und unser Shopping Center nicht mit der notwen-igen verkäuferischen Kompetenz propagieren, sägen an dem Ast auf dem sie sitzen oder noch mehr, hacken die Hand ab, sie sie füttert.

Wer dieses Umsatzpotenzial nicht erkennt und nicht nützt, ist seines Berufes nicht würdig!!!!!!!

Einzig und allein die aktive Vermarktung und die kompetente Information an den Kunden machen den Erfolg von SHS aus!!!!!

Die VVW hat in ihrer VKST dies vorzuleben und von ihren Mitarbeiter-innen einzufordern!!!!!! Negatives Gejaule wird nicht aktzeptiert!!!!

Wer dazu nicht steht, daß SHS eine TOP Angelegenheit ist hat es nicht verdient daß der Name Schlecker auf seinem Gehaltsstreifen steht!!!! Und dies ist nicht nur eine Floskel!
(…)
Ich akzeptiere es zukünftig nicht, wenn seitens der Mitarbeiterinnen hier wie o.e. verkäuferisch aktiv gearbeitet wird!!!!!

Wer diese Zeien gelesen hat, und sie kommentiert, sollte mal über sich nach denken!!!!!!!!!!!!!!!!!!"

---

[21] Dokument liegt der Autorin in Kopie vor. Orthographie und Interpunktion – einschließlich der Zahl der Ausrufezeichen – wurden nicht verändert.

Abb. 8: Beispiel für die Schlecker-Unternehmenskultur
(Quelle: Bormann, 2007, S. 48 f.)

Das Unternehmen scheint durchdrungen vom Gedankengut der Theorie X: Druck und Kontrolle. Das ist das pessimistische Menschenbild, mit dem der Schlecker-Kompass geeicht wird. Eine pessimistische Ausrichtung, die zum Schicksal des Unternehmens wird. Es ist dieses Menschenbild, von dem sich Schlecker nie wirklich lösen konnte, bis es schließlich zu spät war.

Dort, wo man sich ab einem gewissen Punkt intensive Gedanken darüber macht, wie durch die Modernisierung von Läden endlich der Konkurrenz Paroli geboten werden kann, dort kommt viel zu lange niemand auf die Idee, dass nicht das Ladenbild, sondern zuallererst das Menschenbild erneuert werden muss.

IV.

DER SCHLECKER-MOTOR
FÄNGT AN ZU STOTTERN

*Wieso kommt das Wachstum von Schlecker zum Erliegen?
Welche Rolle spielen die Konkurrenten? Sind Aktionen des
Unternehmens erkennbar, um den »stotternden Motor« wieder in Gang zu bringen?*

Das Jahr 2004 ist der Wendepunkt in der Wachstumsgeschichte von Schlecker. Bis dahin konnte ein weitgehend durchgängiges Wachstum verkündet werden. Doch jetzt tritt nahezu ein Stillstand ein. Der Umsatz steigt europaweit nur noch geringfügig um 0,8 Prozent auf 6,6 Milliarden Euro. Es zeigt sich, dass strukturelle Probleme existieren. Das *Handelsblatt* stellt fest:

*Der Durchschnittsumsatz pro Filiale sank von 493.000 Euro
auf rund 480.000 Euro, obwohl die wöchentliche Kundenzahl
laut Schlecker deutlich erhöht werden konnte. Aus Industriekreisen erfuhr die* Lebensmittel Zeitung, *dass die Umsatzschwankungen innerhalb des Filialnetzes enorm sind. Viele
kleine Filialen kämen nach Meinung von Branchenkennern
nicht einmal auf die Hälfte des Durchschnittsumsatzes. Das
Unternehmen habe dieses Jahr erstmals im größeren Stil Filialen geschlossen. Vor allem in Kleinstädten mit wenig Kundenfrequenz würden unrentable Standorte vom Netz genommen, schreibt das Blatt weiter.*[20]

In Deutschland hat das Unternehmen damit seinen Wachstumsgipfel mit Schlecker-Läden überschritten. Dass es überhaupt noch zu einem leichten Umsatzanstieg kommt, ist den ausländischen Tochtergesellschaften zu verdanken.

Natürlich kann gefragt werden, wo denn hier das Problem liege: »Muss es denn immer Wachstum geben?« Diese Frage geht sehr schnell in eine globale Diskussion mit philosophischen Aspekten über, die hier zu weit führen würde. Aus betriebswirtschaftlicher Sicht kann die Antwort aber sehr klar gegeben werden: Wenn ein Markt wächst, wie hier der Drogeriemarkt, dann sollte ein Unternehmen mindestens mit dem Markt wachsen. Ein Unternehmen, dem es nicht gelingt, mindestens mit dem Markt zu wachsen, verliert Marktanteile. Der Verlust von Marktanteilen ist wiederum ein deutlicher Indikator für eine strategische Krise.

Es gilt: Strategisch gut positionierte Unternehmen verlieren keine Marktanteile.

Eine der zentralen Voraussetzungen für Unternehmenserfolg ist die Bereitschaft, sich mit Realitäten zu konfrontieren. Auch das klingt trivial, ist es aber nicht. Immer wieder finden sich bei Unternehmen Beispiele, dass zu lange einem Wunschbild gefolgt wird. Unangenehme Informationen werden ausgeblendet oder umgedeutet. Die Überbringer schlechter Nachrichten werden dann oftmals auch noch »niedergemacht«. Alles das sind Verhaltensweisen, die einen direkten Ausdruck der Unternehmenskultur darstellen, und zwar keiner guten.

Zu den beliebten Varianten gehört es, sich die Kennzahlen zu suchen, die die Stärke der eigenen Position untermauern. Auch wenn diese Daten vielleicht nur ein verzerrtes Bild darstellen. Aber andere Zahlen würden ja vielleicht zeigen, dass man sich nicht mehr im Steigflug, sondern im Sinkflug befindet. Ein guter Flugkapitän hat ein Interesse an vollständiger und exakter Information über seinen Flug und das Flugzeug. In krisenhaften Unternehmen finden wir nicht immer die besten Flugkapitäne.

Ein Beispiel für diese verzerrte Wahrnehmung der Realität bei Schlecker ist die Aussage zum Marktanteil. Noch im Sommer 2010 findet sich auf der Unternehmenshomepage die Feststellung: »Der Drogerie-Discounter Schlecker ist mit einem Marktanteil von 76 Prozent aller Drogeriemärkte in Deutschland unangefochtener Marktführer.«[21]

Diese Information klingt sehr beeindruckend und soll sie natürlich auch sein. Sie erinnert etwas an das Brüllen des Löwen, der auf dem Hügel steht und sein Territorium markiert. Das würde mit einer derartig beeindruckenden Zahl auch tatsächlich sehr gut gelingen. Das Problem ist nur, dass diese Zahl völlig in die Irre führt.

Machen wir den Brillentest und schauen auf diese Aussage.

Was Schlecker hier beschreibt, ist die Anzahl seiner Märkte im Verhältnis zur Konkurrenz. Man könnte es auch sehr spitz formulieren: »Wie viele Eingangstüren gehören Schlecker und wie viele Eingangstüren gehören der Konkurrenz«. Diese Eingangstüren sind eine Einladung an Kunden, durch sie zu gehen und zu kaufen. Sie entsprechen dem, was auf der strategischen Ebene als Erfolgspotential beschrieben wurde. Ein Potential, nicht mehr und nicht weniger. Ob dieses Potential dann auch tatsächlich genutzt wird, sehen wir in der Kundenreaktion: Kommen die Kunden tatsächlich in unseren Laden, und vor allem, kaufen sie?

Und es stimmt. Schlecker hat deutlich mehr Ladentüren als die Konkurrenz. Das Problem ist nur, dass durch seine Türen im Durchschnitt weniger Kunden gehen und letztlich im Durchschnitt weniger verkauft wird. Marktanteile werden eben nicht auf Basis von Ladentüren (= Verkaufsmöglichkeiten), sondern auf Basis von Umsätzen (= getätigten Verkäufen) berechnet. Der Marktanteil von Schlecker liegt aber damit deutlich niedriger als hier suggeriert wird. Und er sinkt weiter.

Welche Bedeutung solch eine irreführende Information haben kann, lässt sich an unserem Flugzeugbeispiel beschreiben. Wenn wir dazu den Marktanteil als Flughöhe ansehen, dann heißt das: Wir fliegen nicht in der angegebenen Flughöhe, sondern niedriger und wir sinken.

Wie kann es zu so einer fachlichen unkorrekten Aussage kommen? Hier sind mehrere Erklärungen denkbar:

1. Das Unternehmen glaubt, was es dort schreibt. Es wird also in gutem Glauben mit einer schlechten Information gearbeitet.
2. Das Unternehmen weiß, dass die Information nicht wirklich den aussagefähigen Marktanteil angibt, will aber keine negative Information nach außen tragen.

Es ist aber noch eine weitere Erklärung möglich:

3. Es traut sich im Unternehmen niemand, den Patriarchen auf das Thema anzusprechen. Was hätte der Überbringer schlechter Nachrichten auch zu erwarten? Eine Beförderung für das Beherrschen des Marketing-Einmaleins? Dann bleibt die Homepage lieber so, wie sie eben ist.

Wie eingangs schon gesagt, stürzen Flugzeuge nicht aus heiterem Himmel ab, und eine Blackbox kann entscheidende Hinweise zu den Ursachen geben. Wenn wir diese Box im Falle von Schlecker öffnen und nach Hinweisen suchen, finden wir zwei Dokumente, die eine Fülle von Warnsignalen beisteuern. Sie erscheinen uns so wichtig, dass wir sie näher betrachten wollen.

Es lässt sich nicht sagen, ob diese Analysedokumente Anton

Schlecker seinerzeit vorlagen oder im Unternehmen bekannt waren. Zumindest der letztere Fall kann aber als durchaus wahrscheinlich gelten. Denn die Analysen wurden von renommierten Beratungsunternehmen erstellt und dienen damit einem konkreten Zweck. Typischerweise soll eine Präsentation der Studie bei den betreffenden Firmen als Einstieg in ein Beratungsgeschäft genutzt werden. Es spricht also einiges dafür, dass die Studien in irgendeiner Form ihren Weg in das Unternehmen fanden. Doch selbst wenn dies nicht der Fall war, dann hätte die eigene Durchführung solcher Studien zur Pflichtaufgabe im Schlecker-Unternehmen gehört.

Bei den beiden Studien aus dem Jahr 2006 handelt es sich um: 1. Mercer Management Consulting: »Kundenzufriedenheit im deutschen Drogeriesektor« und 2. KPMG: »Einkaufsverhalten im Drogeriemarkt«.

Nachfolgend sollen ausgewählte Inhalte der beiden Studien dargestellt und interpretiert werden.

1. Mercer-Studie[22]

Die Studie spricht von gnadenlosem Preiswettbewerb und einer sich zuspitzenden Lage im Drogeriesektor. Diese werde insbesondere durch die weiterhin zunehmende Konzentration der Branche gekennzeichnet. Zugleich sei ein immer härter werdender Verdrängungswettbewerb festzustellen, der vorrangig über die Flächenexpansion geführt werde. Speziell bei dm und Rossmann sei eine aggressive Expansion zu beobachten. Die Anzahl der Verkaufsstellen werde dort jährlich im hohen zwei- bis dreistelligen Bereich erweitert. Die Ladengröße betrage dabei über 400 Quadratmeter (dm) bzw. über 300 Quadratmeter (Rossmann). Die Filialkette dm weise zugleich eine herausragende Flächenproduktivität auf: »Dynamische Unternehmen expandieren aggressiv und bringen Vollsortimenter, bestehende Fachmarktfilialen und vor allem den Branchenprimus Schlecker zunehmend in Bedrängnis. Der Markt wird nicht größer, sondern nur anders und auf immer mehr Verkaufsstellen verteilt.«

Der Verdrängungswettbewerb werde zusätzlich durch die Hard-Discounter wie Aldi und Lidl angeheizt, die ihr Drogeriesegment erheblich ausgeweitet hätten. »Gerade die Offensive von Lidl, aber auch die Dauerniedrigpreise von dm haben zuletzt zu starken Preiskämpfen im Drogeriesektor geführt. Verschärft wird diese Entwicklung durch immer aggressivere Preisaktionen, vor allem von Rossmann. Damit wird der Ergebnisdruck auf alle Beteiligten in Zukunft weiter zunehmen.«

Für die Einschätzung der Kundenzufriedenheit in diesem Markt untersuchte das Düsseldorfer Marktforschungsinstitut Innofact im Auftrag von Mercer bundesweit 1000 Teilnehmer, die regelmäßig Drogerieartikel einkaufen. Gegenstand der Befragung war das konkrete Kaufverhalten bei den frequentierten Anbietern sowie die Zufriedenheit mit Preis und Leistung als den zentralen Treibern.

Die Studie zeigte, dass die Drogerieanbieter dm und Rossmann eine überdurchschnittliche Gesamtzufriedenheit erreichten, die auch über Aldi und Lidl lag. Schlecker und Ihr Platz schnitten dagegen beide schlecht ab.

Die Studie kommt zu einer klaren Einschätzung: »Aus der Sicht von Mercer ist Schlecker der große Verlierer.«

Mercer sieht für Schlecker einen akuten Handlungsdruck: »Schlecker galt über viele Jahre als preisgünstigster Anbieter. Inzwischen aber ging die Preisimageführerschaft an dm und Rossmann, aber auch an Kaufland und die Discounter verloren.« Damit nicht genug, die Studie stellt außerdem fest, dass

Schlecker das schlechteste Leistungsimage unter den Drogerie-fachmärkten besitzt: »Die Kunden kreiden dem Branchengrößten vor allem Schwächen bei den Verkaufsstellen und der Auswahl an.«

Ebenso relativiert die Studie auch die bisherige Schlecker-Stärke der Nahversorgerfunktion. Der Angriff wird hier vor allem seitens der Discounter gesehen: »Da die Discounter mit jeweils vielen tausend Verkaufsstellen immer mehr eine Nahversorgerfunktion übernehmen, ist Schlecker extrem verwundbar, wenn diese ihr Angebot ausbauen.«

Auf Basis der Analyse formuliert Mercer sieben Thesen. Aus diesen Thesen sind die folgenden fünf für unsere Thematik von spezieller Relevanz:

1. Im stagnierenden deutschen Einzelhandel zeigt der Drogeriesektor neben den Discountern die größte Wachstumsdynamik. Doch auch diese Branche steht in einem gnadenlosen Verdrängungswettbewerb.
2. Die Zufriedenheit der Kunden bestimmt den Markterfolg. Neben dem Preis kommt dem Leistungskriterium Qualität hohe Bedeutung zu.
3. Die Fachmarktketten dm und Rossmann dominieren sowohl auf der Preis- als auch auf der Leistungsebene. Beim Preisimage sind sie auf Augenhöhe mit den Discountern.
4. Branchenprimus Schlecker hat seinen Preisimagevorteil verloren. Die Leistungsdefizite erhöhen die Anfälligkeit für den Verlust von Marktanteilen.
5. Aldi und Lidl gehen massiv in die Offensive. Mit ihrer geringen Leistungstiefe werden sie dm und Rossmann nicht gefährden. Für Schlecker und die Vollsortimenter sind sie eine große Gefahr […].

Die Resultate der Mercer-Studie müssten eigentlich bei Schlecker zu heller Aufruhr geführt haben. Insbesondere die Kernaussage »Der große Verlierer ist Schlecker« müsste am Firmensitz in Ehingen wie eine Provokation gewirkt haben. Es sei denn, es war nur die Bestätigung von eigenen Einschätzungen. Eine nüchterne, unvoreingenommene Analyse durch Schlecker hätte kaum zu gänzlich anderen Resultaten kommen können. Die sprichwörtlichen Zeichen an der Wand sind 2006 nicht mehr zu übersehen, wenn man sie denn sehen will.

2. KPMG-Studie[23]

Ziel der KPMG-Studie war es, die Wahrnehmung der verschiedenen Unternehmen des Drogeriemarktes seitens der Konsumenten zu untersuchen. Besondere Bedeutung wurde dabei den Auswirkungen auf die Kundenbindung beigemessen. Im Fokus standen vor allem die Anforderungen der Konsumenten an die beiden wichtigsten Warensegmente:

- Waschen, Putzen, Reinigen (WPR)
- Gesichts- und Körperpflege (G&K).

Das KPMG-eigene Know-how und öffentlich zugängliche Quellen wurden bei dieser Studie um die Resultate einer Umfrage durch TNS Infratest ergänzt.

Schon die Gegenüberstellung von Umsätzen und Anzahl der Filialen zeigt ein sehr differenziertes Bild (siehe Abb. 9). Versuchen wir dieses kurz zu interpretieren, bevor wir zu den Detailaussagen des Berichtes kommen.

Die Zahlen veranschaulichen, dass Schlecker nach Umsatz und Filialzahl zum Zeitpunkt der Studie eindeutig das größte Un-

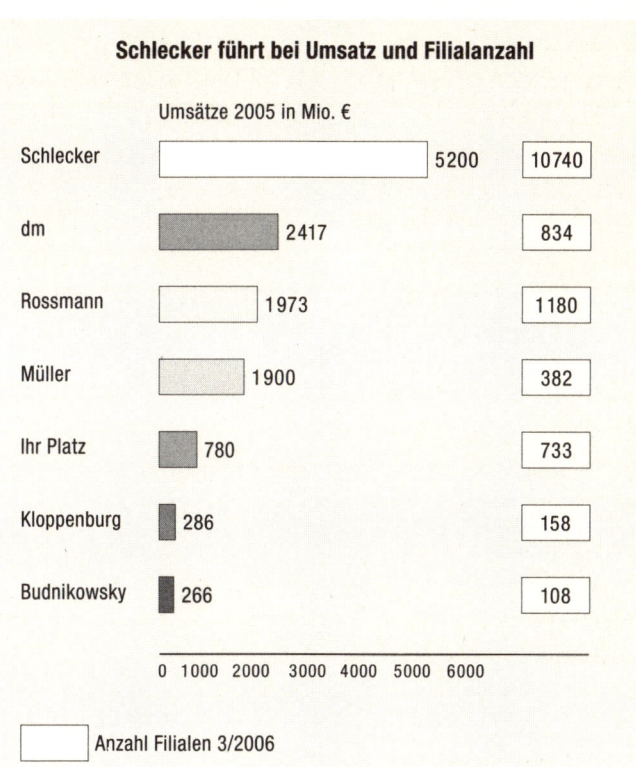

Schlecker führt bei Umsatz und Filialanzahl

Umsätze 2005 in Mio. €

	Umsatz	Anzahl Filialen
Schlecker	5200	10740
dm	2417	834
Rossmann	1973	1180
Müller	1900	382
Ihr Platz	780	733
Kloppenburg	286	158
Budnikowsky	266	108

0 1000 2000 3000 4000 5000 6000

Anzahl Filialen 3/2006

Abb. 9: Top 7 der Drogeriemarktunternehmen in Deutschland 2005 (Quelle: KPMG, 2006, S. 9)

ternehmen im deutschen Drogeriemarkt ist. So weit scheint die Welt damit in Ordnung zu sein. Es wird allerdings bei näherem Hinsehen deutlich, dass der Zweitplatzierte dm eine gänzlich andere Umsatzhöhe pro Laden aufweist. Zwar wurde die Ladenzahl erst in 3/2006 erhoben, und damit etwas später als der Umsatz, aber diese dürfte kaum Einfluss auf die Größenordnungen besitzen. Denn es öffnet sich eine extreme Schere zwischen dem Durchschnittsumsätzen des Marktführers und seines Verfolgers: Mit weniger als zehn Prozent der Ladenanzahl erreicht dm fast 50 Prozent des Umsatzes von Schlecker!

Dies lässt sich auch wie folgt formulieren: Wenn die reine Umsatzhöhe ein Indikator für Erfolg ist, dann steht Schlecker eindeutig an der Spitze. Ist es aber der Durchschnittsumsatz pro Laden, dann rückt dm an die Spitze. So erreicht dm auf Basis dieser Zahlen einen Durchschnittsumsatz von ca. 2,9 Millionen Euro pro Laden, Schlecker dagegen nur 0,5 Millionen Euro. Damit setzt dm mehr als das Fünffache pro Laden um.

An diesem Punkt könnte eingewandt werden, dass die dm-Läden ja typischerweise deutlich größer sind als die eher kleinen Schlecker-Läden. Dies ist so auch zutreffend, aber der durchschnittliche dm-Laden ist nicht mehr als fünfmal so groß. Während der typische Schlecker-Laden eher bei 200 Quadratmeter Ladenfläche liegt, sind dm-Läden eher im Bereich von 400+ Quadratmeter angesiedelt. Selbst wenn also dieser Unterschied herausgerechnet wird, dann verkauft dm immer noch mehr. Die einfache Erklärung: Die dm-Kette verkauft mehr pro Quadratmeter. Es gelingt dm also jeden Quadratmeter seiner Läden deutlich besser zu nutzen. Größere Läden und größere Umsätze pro Quadratmeter führen dann im Resultat zu den überdurchschnittlichen Ladenumsätzen.

Es wird offensichtlich, dass Schlecker mit seinem bisherigen Geschäftsmodell überhaupt nicht zu den Werten pro Laden von dm aufschließen kann. Mit seinem durchschnittlichen Umsatz von 2,9 Millionen Euro spielt dm in einer völlig anderen Liga: Die Kette dm hat die größeren Läden und auf jedem Quadratmeter ihrer Läden verkauft sie deutlich mehr, als es Anton Schlecker auf einem seiner Ladenquadratmeter gelingt.

Kehren wir nach dieser ersten eigenen Analyse der Marktzahlen zu den Detailergebnissen der Studie zurück. In ihr wurde insbesondere die Stärke der Kundenbindung ermittelt. Diese

Bindung entspricht der Stärke der Beziehung zu den Kunden. Wenn wir unsere Analysebrille aufsetzen, dann ist es das Dreieck aus Kunde, eigenem Unternehmen und Konkurrenz, das hier näher untersucht wird. Von Interesse ist dabei vor allem, wie stark die Bindung des eigenen Unternehmens an die Kunden im Verhältnis zur Stärke der Wettbewerber ist.

Um die Stärke der Kundenbindung zu messen, wurde ein spezieller Index genutzt (TRI*M), in den vier Teilaspekte einflossen:

1. Gesamtzufriedenheit mit einem Anbieter
2. Weiterempfehlung
3. Wiederkaufsabsicht
4. Wettbewerbsvorteil (spezifischer Vorteil gegenüber Kauf bei Konkurrenz)

Aus Sicht des Marktforschungsinstituts TNS Infratest kann der Index wichtige Informationen für strategische Weichenstellungen liefern: »Der Kundenbindungsindex ist ein Frühindikator für geschäftskritische Größen«[24]

Und dieser Frühindikator zeigt, dass Schlecker deutlich hinter seinen Hauptkonkurrenten dm und Rossmann zurückhängt. Abbildung 10 veranschaulicht, dass diese Aussage sowohl für die Geschäftsebene als auch für die beiden Segmente gilt.

Diese Resultate hätten bei Schlecker zu großer Beunruhigung führen müssen. Ausgerechnet der Hauptangreifer dm verfügte über die mit Abstand besten Werte. Der nach außen immer wieder dargestellten Größe von Schlecker steht in Wirklichkeit eine deutlich erkennbare Schwäche bei der Kundenbindung gegenüber.

Wenn wir uns die Ergebnisse noch näher ansehen, so werden die Aussagen zu Schlecker immer kritischer.

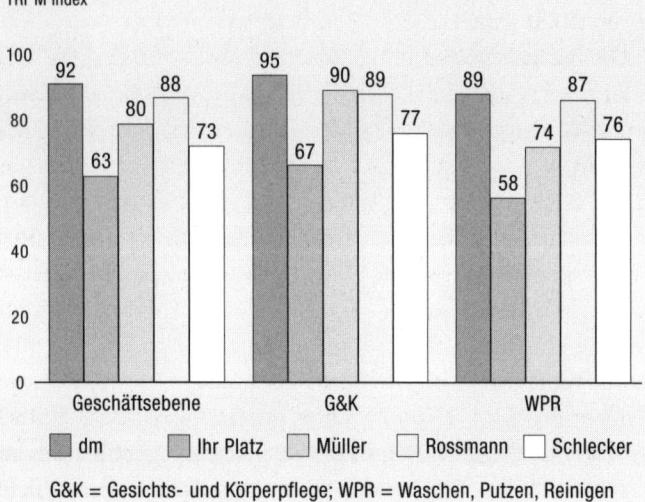

Die Kundenbindung bei dm ist deutlich höher als bei Schlecker

TRI*M Index

Geschäftsebene: dm 92, Ihr Platz 63, Müller 80, Rossmann 88, Schlecker 73
G&K: dm 95, Ihr Platz 67, Müller 90, Rossmann 89, Schlecker 77
WPR: dm 89, Ihr Platz 58, Müller 74, Rossmann 87, Schlecker 76

■ dm　■ Ihr Platz　■ Müller　□ Rossmann　□ Schlecker

G&K = Gesichts- und Körperpflege; WPR = Waschen, Putzen, Reinigen

Abb. 10: Der Kundenbindungs-(TRI*M)-Index für Drogeriemärkte im Jahr 2006 (Quelle: KPMG, 2006, S. 17)

Die Studie ermittelte in einem ersten Schritt, wie sich der Bekanntheitsgrad der verschiedenen Drogeriemarktketten aus Kundensicht darstellte. Schlecker erreichte bei Bekanntheit mit 99 Prozent einen unangefochtenen Spitzenwert. Auf den Plätzen folgen hier mit Abstand dm (76 Prozent), Rossmann sowie Ihr Platz (je 67 Prozent). Ähnlich sieht dies bei der Frage aus, welcher der benannten Märkte am besten zu erreichen ist (siehe Abb. 11).

Bei der Erreichbarkeit steht Schlecker mit 90 Prozent erneut an der Spitze. Es folgen wiederum mit deutlichem Abstand

Rossmann (71 Prozent) und dm (60 Prozent). Mit anderen Worten: Praktisch alle Befragten kannten Schlecker und hatten die Möglichkeit, einen Schlecker-Laden zu erreichen. Was die Erfolgspotentiale, also die Voraussetzungen angeht, somit eine ideale Situation für das Unternehmen.

Die nächste Betrachtung, die eine Ebene tiefer ansetzt, zeigt jedoch sehr deutlich, wo die Probleme liegen. Von den beiden genannten Segmenten, G&K (Gesichts- und Körperpflege) und WPR (Waschen, Putzen, Reinigen) interessiert uns dabei vorrangig G&K. Die Kunden in diesem Segment sind generell stärker markenorientiert und weniger preissensitiv. Sie können damit als besonders attraktiv eingestuft werden. Sie erwarten dafür ein breites Sortiment, kompetente Beratung und ein ansprechendes Einkaufsumfeld.

Für dieses Segment zeigt die Studie auf, dass Schlecker gegenüber den beiden Konkurrenten dm und Rossmann deutlich zurückliegt. Im Speziellen ist der Rückstand gegenüber dm augenfällig. Hatten die eingangs genannten Zahlen verdeutlicht, dass praktisch jeder Konsument bei Schlecker einkaufen könnte, ist jetzt zu erkennen, dass dies in der Realität jedoch nicht geschieht.

So kauften von den Befragten, die einen Schlecker-Laden erreichen konnten, nur 79 Prozent auch tatsächlich dort ihre Gesichts- und Körperpflegeprodukte ein. Anders bei dm: Wenn eine befragte Person einen dm-Laden in der Nähe hatte, dann wurde er auch von 91 Prozent genutzt.

Die Aussage, dass ein Laden genutzt wird, sagt noch nichts über die Kaufintensität aus. So könnte ein Laden nur gelegentlich genutzt werden oder das Stammgeschäft für den Einkauf darstellen. Es liegt auf der Hand, dass es im Interesse eines Unternehmens sein muss, sich als Stammgeschäft von Kunden zu etablieren.

Und genau bei diesem zentralen Aspekt stürzt Schlecker gegenüber dm förmlich ab. Bei den dm-Kunden gilt, dass 68 Prozent ihre betreffenden Produkte überwiegend dort kaufen und dm damit ihr Stammgeschäft darstellt.

Schlecker wird hingegen nur von 39 Prozent seiner Kunden als Stammgeschäft genutzt. Ein Wert von lediglich 39 Prozent Stammkunden bedeutet, dass die meisten Kunden, nämlich 61 Prozent, nur gelegentliche Käufe tätigen. Damit ergibt sich im Vergleich zu dm ein praktisch genau entgegengesetztes und ausgesprochen kritisches Ergebnis.

Fassen wir diese Zahlen zusammen, dann resultiert aus der Studie folgendes Bild in dem betreffenden Produktsegment: Schlecker-Läden sind überall zu erreichen. Sie werden aber seltener genutzt, als die Läden des Hauptkonkurrenten dm. Wenn Schlecker-Läden genutzt werden, dann in der Mehrzahl für gelegentliche Käufe.

Bei dm findet sich ein anderes Bild: Die Läden von dm sind nicht überall zu erreichen. Dort wo sie aber zu erreichen sind, werden sie überdurchschnittlich häufig genutzt. Die deutliche Mehrzahl der Käufer bei dm kann zudem als Stammkunden eingestuft werden.

Zu Recht kann eingewandt werden, dass derartige Index-Werte natürlich eine Momentaufnahme darstellen. Dies gilt insbesondere, wenn sie als Frühwarnindikator eingesetzt werden sollen. Wichtig ist also nicht nur der aktuelle Index-Wert, sondern vor allem auch seine weitere Entwicklung und die Verknüpfung mit Strategien: Wie wird ein Unternehmen auf die schlechten eigenen Werte reagieren, wie werden die Wettbewerber ihre guten Werte zum Angriff nutzen?

Und hier zeigt sich schon im Jahr 2006, also sechs Jahre vor der Insolvenz, die Schwäche von Schlecker im vollen Ausmaß: Dort, wo ein dm-Markt ist, kaufen mehr Kunden ein als im

Schlecker hat weniger Stammkunden als dm

Filialen welches Unternehmens sind für Sie erreichbar?

Drogeriemärkte

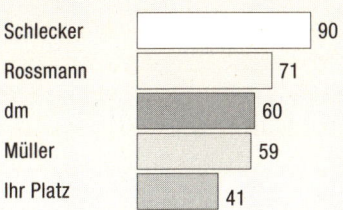

Schlecker	90
Rossmann	71
dm	60
Müller	59
Ihr Platz	41

Lesebeispiel: Für 90% der Befragten, die Schlecker kennen, ist eine Filiale des Unternehmens erreichbar.

In welchem Geschäft haben Sie in den letzten drei Monaten G&K-Produkte eingekauft?

Drogeriemärkte

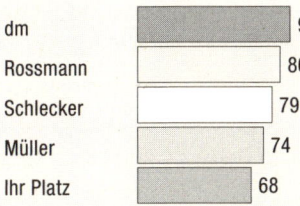

dm	91
Rossmann	86
Schlecker	79
Müller	74
Ihr Platz	68

Lesebeispiel: 91% der Befragten, die dm als erreichbar angegeben haben, haben dort innerhalb der letzten drei Monate Artikel der Warengruppe G&K eingekauft.

In welchem Geschäft haben Sie hauptsächlich Ihre G&K-Produkte eingekauft?

Drogeriemärkte

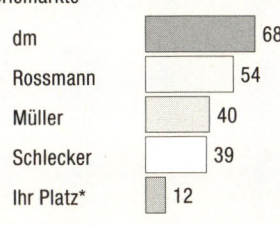

dm	68
Rossmann	54
Müller	40
Schlecker	39
Ihr Platz*	12

* statistisch kleine Basis

Lesebeispiel: 68% der dm-Kunden haben innerhalb der letzten drei Monaten hauptsächlich dort Artikel der Warengruppe G&K eingekauft (= Stammgeschäft).

G&K = Gesichts- und Körperpflege

Abb. 11: Ladenerreichbarkeit und Präferenzen (Quelle: KPMG, 2006, Zusammenstellung, S. 14 ff.)

Schlecker-Laden, und sie kaufen auch häufiger ein. Das dm-Drogeriemarktkonzept kommt bei den Kunden sehr gut an: »Eröffnet nebenan eine dm-Filiale, hat Schlecker keine Chance. Dann schmelzen die Filialumsätze dahin wie Butter in der Pfanne.«[25]

Manchmal wird im Sport auch davon gesprochen, dass jemand »einen Lauf« hat. Die Kette dm hat einen »Lauf«, ebenso ist Rossmann auf dem Vormarsch. Und Schlecker scheint, um bei dem Beispiel zu bleiben, das Laufen eingestellt zu haben. Es ist offensichtlich: Wenn dm und Rossmann weiter expandieren, und Schlecker sich nichts Grundlegendes einfallen lässt, dann wird das Unternehmen seinen früheren Vorsprung Schritt für Schritt verlieren.

Und an einem Punkt kann es keinen Zweifel geben. Beide, dm und Rossmann, werden immer weitere Märkte eröffnen. Ihre Konzepte sind zukunftsträchtig und sie scheinen einen sehr klaren Blick für die Schwäche und Angreifbarkeit des Marktführers zu haben. Fast drängt sich der Eindruck auf, dass der Wettbewerb eigentlich zwischen diesen beiden Unternehmen stattfindet. Der Wettbewerb darum, wer den König entthronen wird.

Setzen wir für einen Augenblick wieder unsere Analysebrille auf. Vergleichen wir, wie dramatisch sich die Situation gegenüber der Glanzphase der Schlecker-Geschichte verändert hat.

In der Startphase wurden die wesentlichen Erfolgsfaktoren durch Schlecker beherrscht. Im Dreieck aus Kunde, Schlecker und Wettbewerber dominierte das Unternehmen eindeutig die Konkurrenz. Dies betraf sowohl Preis, Sortiment und Erreichbarkeit der Läden. Im Resultat war der Spielstand in dieser frühen Phase eindeutig: Schlecker gegen Konkurrenz: 3:0.

In der Phase, die wir jetzt betrachten, hat sich dies grundlegend geändert. Anton Schlecker tritt nicht mehr gegen kleine lokale Drogeriehändler an. Seine Gegner sind die hochprofessionellen Unternehmer Götz Werner (dm) und Dirk Rossmann (Rossmann). Die gesamte Wettbewerbslandschaft hat sich für Anton Schlecker geändert. Und seine Wettbewerber punkten in entscheidenden Bereichen.

1. Erfolgsfaktor »Preis«: Die Preise von Schlecker werden nicht mehr als niedriger wahrgenommen. Die Mercer-Studie stellt fest, dass der Preisimagevorteil verlorengegangen ist. Aus dem Vorsprung gegenüber der Konkurrenz ist praktisch ein Gleichstand geworden.
2. Erfolgsfaktor »Sortiment«: Die Produktpalette ist in den größeren Läden von dm und Rossmann entsprechend umfangreicher. Die Konkurrenz überholt Schlecker.
3. Erfolgsfaktor »Lage«: Schlecker-Filialen sind nach wie vor besser erreichbar und zumeist näher gelegen als die der Konkurrenz. Hier punktet Schlecker nach wie vor, auch wenn der Vorsprung geringer wird.
4. Erfolgsfaktor »Ladengestaltung und Einkaufserlebnis«: Immer mehr gewinnt dieser Faktor an Bedeutung. Vor allem durch spezialisierte Unternehmen wie Douglas oder den Hauptkonkurrenten dm wird dieser Faktor genutzt, um Wettbewerbsvorteile zu erlangen. In diesem Bereich ist Schlecker weit abgeschlagen. Der Punkt geht eindeutig an die Konkurrenz.
5. Der Erfolgsfaktor »Vertrauen in ein Unternehmen« spielt nach wie vor noch eine eher untergeordnete Bedeutung.

Fassen wir die Resultate zusammen, so hat sich das strategische Kräftegleichgewicht in unserem Dreieck drastisch verschoben,

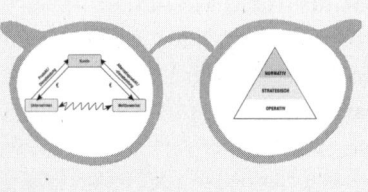

Phase 2:

Der Motor stottert
→ **Die Konkurrenz überholt strategisch**

Erfolgsfaktor	Gewinner: Schlecker / Konkurrenz
Preis	*Unentschieden*
Sortiment	*Konkurrenz*
Lage	*Schlecker*
Läden	*Konkurrenz*

Schlecker: 2
Konkurrenz: 3

Abb. 12: Der Blick durch die Brille: Der Motor stottert

wie dies Abbildung 12 im Überblick zeigt. Der neue Punktestand lautet: Schlecker gegen Konkurrenz: 2:3.

Im Grunde ist es nur noch die größere Anzahl der Läden, und damit der Lagevorteil, der Schlecker strategisch trägt. Schlecker ist schon zu diesem Zeitpunkt ein »strategischer Scheinriese«.

Es muss etwas passieren. Dass ein typisches »Weiter so« nicht reicht, müsste wohl auch dem Schlecker-Clan immer deutlicher geworden sein. Und doch sind keine wirklich nennenswerten strategischen Aktionen zu erkennen. Die Auslandsaktivitäten vergrößern zwar das Drogereireich von Anton Schlecker, aber sie helfen nicht, um die zunehmenden Angriffe der Konkurrenz im Kernmarkt Deutschland zu kontern.

Erst im Herbst 2007 geschieht etwas und es kommt zu einer Großakquisition. Das Unternehmen erwirbt für ca. 150 Millionen Euro die Drogeriekette Ihr Platz. Sie ist mit einem Umsatz von ca. 675 Millionen Euro und ca. 700 Filialen die Nummer fünf im deutschen Drogeriemarkt, nach Schlecker, dm, Rossmann und Müller. Ihr Platz war 2005 in Insolvenz gegangen und nachfolgend durch Finanzinvestoren restrukturiert worden. Im Übernahmejahr 2007 war Ihr Platz trotz Restrukturierung noch nicht wieder in die schwarzen Zahlen zurückgekehrt.[26]

Berücksichtigt man die schlechten Resultate von Ihr Platz in der KPMG-Studie von 2006 (siehe oben), dann können berechtigte Zweifel kommen. Zweifel, ob es zweckmäßig ist, wenn der Zweitschlechteste in Kundenbindung den Schlechtesten kauft. Die Werte von Ihr Platz mögen in Folge der Restrukturierung besser geworden sein, ob sie aber 2007 an die Spitzenreiter herankamen, darf ernsthaft bezweifelt werden.

Es kann aber auch generell hinterfragt werden, welcher Phase der Kauf von Ihr Platz zuzurechnen ist: noch der Phase der strategischen Stagnation oder wirklich schon der Handlungsphase. Für beides können Argumente angeführt werden. Ganz grundsätzlich ist natürlich die Übernahme von rund 700 Filialen als ein strategischer Schritt zu sehen. Aber in der Sache bringt der Kauf von Ihr Platz das Unternehmen von Anton Schlecker nicht weiter.

Es ist eine Ergänzung der bisherigen Schlecker-Filialen, aber keine, die die zentralen Probleme des Unternehmens lösen hilft. Der Kauf erhöht ab 2008 den Umsatz von Schlecker, was endlich wieder in die gewünschte Richtung zeigt. Zwei Jahre später wird Anton Schlecker über die Kette Ihr Platz sagen: »Mit ihr decken wir das Premiumsegment ab.«[27] Auch hier ist Kopfschütteln erlaubt.

Lassen wir es die amerikanische Investorenlegende Warren Buffett auf den Punkt bringen:[28] »Your premium brand had better be delivering something special, or it's not going to get the business.«

Mit anderen Worten: Eine Premiummarke, die nur so heißt, aber nichts Besonderes bieten kann, wird nicht erfolgreich sein. Denn vielfach wird eine Marke zu einer (hochpreisigen) Premiummarke erklärt, nur um die hohen Preise zu rechtfertigen. Der Beweis für die höhere Qualität wird dagegen allzu oft nicht erbracht.

Was aber hat es mit der Premium-Qualität der Ihr-Platz-Filialen auf sich? Auch hier stimmen die Eigeneinschätzung und die Fremdeinschätzung nicht wirklich überein. Die Ihr-Platz-Läden sind in der Tendenz ordentliche, gepflegte Drogeriemärkte. Nicht mehr und nicht weniger. Im Drogeriebereich trifft die Einstufung »Premium« z. B. auf die Filialen von Douglas und die modernen Parfümerieabteilungen von Müller zu. Es drängt sich der Eindruck auf, dass der Begriff »Premium« aus einem Vergleich mit den traditionellen Schlecker-Filialen entstanden ist. Bei solch einer Innensicht, so weit sie die Grundlage bildete, muss natürlich Ihr Platz viel besser abschneiden.

Der Kauf von Ihr Platz ist kritisch zu sehen. Neben den Verlusten ab 2008 gilt dies vor allem für die erforderlichen Finanzmittel, die zum Kauf von Ihr Platz eingesetzt wurden. Das Geld stand nicht mehr für das Modernisierungsprogramm der übrigen Läden zur Verfügung und schwächte zugleich die Finanzreserven. Der Kauf hat zwar die spätere Liquiditätskrise nicht verursacht, aber doch zu ihrer Verschärfung beigetragen. Die kritische Einschätzung bezieht sich aber auch auf die erforderliche Management-Zeit für Kauf und Integration, die dann ebenfalls nicht voll für die Restrukturierung des Kerngeschäftes eingesetzt werden konnte.

In der Summe war der Effekt von Ihr Platz somit negativ. Die Finanzmittel, die für den Erwerb eingesetzt worden waren, hätten die Insolvenz hinausgezögert. Dass sie diese verhindert hätten, ist allerdings mehr als fraglich. Dazu befand sich Schlecker schon zu sehr in der Krise. Ihr Platz bleibt somit ein Nebengeschehen ohne entscheidenden Einfluss auf den Gang der Dinge.

V.

DIE XL-KOSTENSENKUNG SCHLECKER-STYLE

Was bedeuten die XL-Läden für Schlecker? Welche Rolle spielt dabei die Zeitarbeitsfirma Meniar? Welche Auswirkungen hat das Schlecker-Konzept für die Verkäuferinnen? Wie ist das Konzept insgesamt zu beurteilen?

Das Jahr 2008 ist ein Schicksalsjahr für Schlecker. Nach außen ist die Welt noch (fast) in Ordnung. Aber im Unternehmen muss die Erkenntnis gereift sein, dass größere Dinge geschehen müssen. Größere Aktionen als nur der Kauf von Ihr Platz, größere Maßnahmen als neue Prospekte oder weitere Dorfläden.

Die Antwort, die sich das Unternehmen gibt, heißt Schlecker XL. Mit Schlecker XL soll der große Wurf gelingen. Das Unternehmen will den aufkommenden Konkurrenten dm, Rossmann und Müller zeigen, wozu Schlecker fähig ist und sie wieder in die Schranken verweisen. Schlecker XL soll den Weg in die Zukunft ebnen. Im Innersten ist es wohl aber auch der Weg in die Vergangenheit. In diese glorreiche Vergangenheit, in der das Unternehmen den Drogeriemarkt dominierte wie keine andere Firma zuvor.

XL als Ladenbezeichnung, das suggeriert Größe. Und in der Tat sind die Läden mit 400 bis 1 000 Quadratmeter Verkaufsfläche und einem Gesamtsortiment von 13 000 Artikeln deutlich größer als die bisherigen Schlecker-Läden. Diese besitzen eine

Fläche von ca. 200 Quadratmeter Fläche und offerieren auf ihr rund 4 000 Artikel.[29] Bei genauerem Hinsehen zeigt sich allerdings, dass diese Läden zwar einen großen Schritt für Schlecker darstellen, aber sie reichen nicht aus, um die Konkurrenz einzuholen. In der letzten Phase (ab 2010) hat Schlecker das Konzept noch einmal überarbeiten müssen. Ganz unabhängig von den Geschehnissen um die Arbeitsverträge der Verkäuferinnen war das erste XL-Konzept auch hinsichtlich der Ladengestaltung kein durchschlagender Erfolg.

Viele Unternehmen, die in Krisen geraten sind, versuchen, sich auf ihre Wurzeln zu besinnen. Sie versuchen, an die alten Erfolge und früheren Erfolgsfaktoren anzuknüpfen. Die aktuellen Probleme werden dann gewissermaßen als eine Abkehr vom alten, dem rechten Weg gesehen. Im Grunde kann das ein vernünftiger Ansatz sein, vorausgesetzt, die Welt hat sich nicht grundlegend geändert. Und natürlich unter der Voraussetzung, dass ein ursprünglich erfolgreicher Weg tatsächlich verlassen wurde.

Für Schlecker heißt das Erfolgsrezept der Vergangenheit auf eine einfache Formel gebracht: Drogerieartikel – überall und billiger.

Und genau dorthin möchte das Unternehmen wieder. Doch dazu bedarf es eines immensen Kraftaktes. Wahrscheinlich hätte eine realistische Analyse der Zahlen schon damals erhebliche Risiken aufgezeigt. Die Finanzschwäche des laufenden Geschäfts einerseits und die Größe der bevorstehenden Investitionen andererseits mussten nachdenklich stimmen. Schon zu diesem Zeitpunkt hätte es gute Gründe gegeben, externe Investoren einzubinden. Mehr Finanzmittel hätten einen schnelleren Umbau des Unternehmens ermöglicht. Mehr Finanzmittel hätten auch ein Reservepolster für die Unwägbarkeiten eines solchen Umbaus geschaffen.

Aber externe Investoren hätten Machtverlust bedeutet. Externe Investoren wären auch gleichbedeutend mit einem Gesichtsverlust gewesen: »Drogeriekönig Schlecker schafft es nicht aus eigener Kraft!« Nein, solche Schlagzeilen wären wohl mit dem Eigenverständnis nicht zu vereinbaren gewesen. Und so entschließt sich Anton Schlecker, den Schritt aus eigener Kraft zu gehen.

Und er hat Großes vor. In Anlehnung an den militärischen Sprachgebrauch könnte dies als Doppelschlag bezeichnet werden. Und dieser Doppelschlag soll zwei Erfolgsfaktoren adressieren: Das Sortiment und die Kostenposition.

Der Erfolgsfaktor »Sortiment« soll über die neue Ladenstruktur mit vergrößerter Ladenfläche angegangen werden. Mehr Platz ist gleichbedeutend mit der Möglichkeit eines größeren und gewinnoptimierten Sortiments.

Das Erarbeiten der neuen Strategie beginnt im Frühjahr 2008, wie wir später aus einem der seltenen Interviews von Anton Schlecker erfahren.

> *Anton Schlecker: Wir brauchen keine Strategieberater. Das neue Konzept ist an diesem großen Konferenztisch entstanden, an dem auch Sie jetzt sitzen. Im Frühjahr 2008 hat sich hier unser Führungsteam versammelt und gemeinsam Ideen entwickelt. Federführend war dabei meine Frau Christa.*[30]

Wer speziell aus diesem inneren Kreis auf die Idee kam, wissen wir nicht. Manche Konzepte entstehen ja auch Schritt für Schritt durch den Input von mehreren Personen. Und plötzlich liegt ein Vorschlag auf dem Tisch, der von verschiedenen Seiten betrachtet, diskutiert und schließlich verfolgt wird. Wovon wir hier sprechen ist die Firma Meniar. Meniar ist die Abkürzung für »Menschen in Arbeit bringen«.

Bei Meniar handelt es sich um eine Zeitarbeitsfirma, und sie wird zum Schicksal für Schlecker. In der Antike gab es den Begriff des Menetekels. Und Meniar, mit den identischen drei Anfangsbuchstaben, wird zum Menetekel, wird der Vorbote eines drohenden Unheils.

»Wie schaffen wir es, unsere Personalkosten zu senken?« Das ist eine legitime Frage, über die Tausende von Führungskräften täglich nachdenken. So weit ist dies nichts Ungewöhnliches. Ungewöhnlich – nein, vielmehr extrem – ist die Art, wie Schlecker das Problem lösen will. Was dort bei Schlecker passiert, zeigt ganz deutlich: Der Kompass für die »weichen Faktoren« in der Führung des Unternehmens funktioniert nicht.

Der Fokus des Meniar-Konzeptes war die radikale Absenkung der Stundenlöhne und Sozialleistungen für die Beschäftigten in den neuen XL-Läden. Existierende traditionelle Schlecker-Läden sollten durch neue und größere Schlecker XL-Läden ersetzt werden. Was im konkreten Einzelfall bedeuten konnte, dass der bisherige Laden auf der einen Straßenseite schließen und der neue XL auf der anderen Seite öffnen würde.

Die naheliegende Lösung für die Personalbesetzung wäre gewesen, das bisherige Personal »auf die andere Straßenseite« zu übernehmen. Und im neuen Laden würden prinzipiell die gleichen Lohn- und Nebenbedingungen gelten wie bisher. Eine sehr naheliegende Lösung, man könnte auch sagen gesunder Menschenverstand.

Es lässt sich aber auch etwas theoretischer begründen. In den achtziger Jahren wurden von den McKinsey-Beratern Thomas Peters und Robert Waterman die Erfolgsfaktoren von Firmen unterschiedlichster Branchen untersucht. Das Buch *In Search of Excellence* (Deutscher Titel: *Auf der Suche nach Spitzenleistungen*)[31] gehört zu den erfolgreichsten Management-Büchern aller Zeiten. Ihre Aussagen bestätigen auch viele der grundlegenden Erfahrungen aus der Unternehmenspraxis.

Einen der Erfolgsfaktoren bei Peters und Waterman bildet die Belegschaft (»Staff«). Die Autoren bekräftigen, dass erfolgreiche Unternehmen den Stellenwert von »Productivity through people« erkannt haben: »The excellent companies treat the rank and file as the root source of quality and productivity gain.« Mitarbeiter werden somit als spezielle Quelle von Produktivität und Qualität hervorgehoben. Dies setzt aber auch einen entsprechenden Umgang mit der Belegschaft voraus. Und der Begriff »rank and file« betont, dass damit die breite Masse der Belegschaft gemeint ist.

In der deutschen Übersetzung wird dieser Erfolgsfaktor »Staff« als »Stammpersonal« bezeichnet. Der Kern ist dabei identisch: Erfolgreiche Unternehmen zeichnen sich durch die Qualifikation und die Motivation der Belegschaft, und hier speziell der Stammbelegschaft, aus.

Auch Untersuchungen bei deutschen Unternehmen bestätigen sehr klar die Rolle des Stammpersonals. Die Bücher über Hidden-Champions von Herbert Simon und über Wachstums-Champions von Roland Alter/Christian Kalkbrenner liefern eine Fülle von Beispielen.[32]

Aus allen praktischen Erfahrungen und hinreichend vielen Untersuchungen gab es somit eine klare Empfehlung: Übernahme der Mitarbeiterinnen von den bisherigen Schlecker-Läden in die neuen XL-Läden. Denn die Verkäuferinnen bilden die unmittelbare Verbindung zu den Kunden. Sie sind das Gesicht von Schlecker. Sie sind die Menschen, die Fragen beantworten können. Und nicht der öffentlichkeitsscheue Anton Schlecker.

Hier ist genau die Stelle, an der der Schlecker-Kompass versagte. Die Mitarbeiterinnen wurden nicht als Erfolgsfaktor begriffen, sie waren »Kostenfaktor«. Es wurde nicht verstanden, sie als Teil der Lösung einzubinden. Nein, sie waren aus Schlecker-Sicht nicht Teil der Lösung, sondern zuallererst Teil des Problems. Während die Verkäuferinnen der bisherigen Filialen somit ganz plausibel von einer Übernahme in die neuen Läden ausgingen, hatte Anton Schlecker anderes im Sinn: Denn es erfolgte nicht die logische Übernahme in die neuen XL-Läden, sondern es kam … die Kündigung.

Dass Wettbewerber wie dm ganz andere Wege gingen und damit immer erfolgreicher wurden, das alles zählte nicht. Erst viel später wird es dem Schlecker-Clan dämmern, wie fatal dieser Fehler war.

Den völlig verdutzten Verkäuferinnen – wie Sonja Ross – wurde also mitgeteilt, dass ihr Laden geschlossen wird und damit verbunden ihre Kündigung erfolgt. Die neuen XL-Läden seien rechtlich unabhängig von den bisherigen Schlecker-Läden, somit entfalle die Verpflichtung zur Übernahme. Es beste-

Die Meniar-Arbeitsverträge enthalten drastisch verschlechterte Koditionen

Schlecker-Konditionen	Schlecker XL/Meniar-Konditionen
12,93 €/Stunde	6,78 €/Stunde
30 Urlaubstage	24 Urlaubstage
Weihnachts- und Urlaubsgeld	/

Abb. 13: Verschlechterte Bedingungen unter Meniar-Verträgen (Quelle: Kabel 1, 2009)

he aber die Möglichkeit, sich für die neuen Positionen in den XL-Läden bei der Firma Meniar in Zwickau zu bewerben. Einem Zeitarbeitsunternehmen, das natürlich kein Schlecker-Unternehmen sei. Ehingen, Standort der Schlecker-Zentrale, und Zwickau in Sachsen sind nun auch wahrlich keine Nachbarstädte. Man könnte fast sagen, dass es ein besonders weit von Ehingen entfernter Standort ist.

Die Bewerbung bei der Firma Meniar offenbart dann, dass es sich um radikal verschlechterte Bedingungen handelt, wie Abbildung 13 zeigt.

Nicht nur der Stundenlohn stürzt auf fast die Hälfte ab. Auch der Urlaub ist reduziert und das Weihnachts- und Urlaubsgeld fällt komplett weg. Der Begriff »Menschen in Arbeit bringen« muss dabei wie Hohn klingen. Nein, er ist Hohn für die Verkäuferinnen. Denn sie waren in Arbeit bei dem gleichen Unternehmen, das sie jetzt für seine XL-Läden einstellen will.

Die Behauptung, es handle sich bei den Schlecker-XL-Läden um eine unabhängige Organisation, ist widersinnig. Zwar mag dies rechtlich so sein, aber sicherlich nicht aus unternehmerischer Sicht. Es gibt eine amerikanische Redensart, die diesen Unsinn sehr schön bloßstellt. Es ist der Ententest: »It looks like a duck, it swims like a duck, it quacks like a duck.« Was wird das wohl sein? »It's a duck!« Was auch sonst?

Und genauso gilt dies für die XL-Läden: Sie tragen das Schlecker-Logo, sie verkaufen Schlecker-Produkte, sie gehören Anton Schlecker. Sie sind Schlecker. Was auch sonst? Die Pressestelle dagegen zieht sich auf eine formale Sichtweise zurück: »Die Schlecker XL GmbH ist ein eigenständiges Unternehmen.«[33]

Schon sehr früh mussten Zweifel an der Unabhängigkeit des Unternehmens aufkommen. Ab Anfang Januar 2009 wird in einem Blog der Zeitschrift *Brigitte* von (offensichtlichen) Schlecker-Mitarbeiterinnen intensiv über die XL-Läden diskutiert. Aufschlussreich für die kommende Entwicklung ist folgende Sequenz:

von Michaela 07/01/2009 08:37
Hallo Basisdusi, was die XL-Märkte angeht, so geschieht dieses erstmal »heimlich«. Aufgemacht werden die Märkte derzeit überall – allein dieses Jahr sind ca. 100 Märkte geplant. Bei uns sind sie im Betriebsratsbezirk noch nicht in die größeren Orte reingegangen – nur an die Filialen, die etwas außerhalb liegen und wo keine zu große Konkurrenz ist. Es ist übrigens eine eingetragene GmbH & Co. KG und der Geschäftsführer ist seit 11.12.08 nicht mehr Anton sondern eine Marija Brnas. Hinter XL steckt die Fa. Biegert Verwaltungs- und Beteiligungs-Gesellschaft ...

von Michaela 07/01/2009 08:38
... Gegenstand nun geändert in Betrieb von Parfümeriegeschäften, Drogerie- und Einkaufsmärkten im In- und Ausland aller Handelsstufen.

von Lotte 07/01/2009 09:08
Habe mal recherchiert: Bereits 1981 schluckte Anton 140 Drogeriemärkte der Firma Biegert. Da ist doch der Zusammenhang offensichtlich. Die Großen spielen sich gegenseitig den Ball zu, und wir sind im Wege![34]

Alle diese juristischen Konstruktionen, die die Unabhängigkeit der XL-Läden beweisen sollen, besitzen mehr den Charakter von Nebelgranaten, ebenso wie die Konstruktion von Meniar. Im Kern geht es darum, sich der bisherigen Verkäuferinnen zu entledigen. Und dahinter stand ein klares Ziel: Schlecker will

zur radikalen Kostensenkung schlicht und einfach ein »Reset«
der Arbeitsbedingungen durchboxen.

Aber wer war Meniar wirklich? Wie unabhängig war diese
Zwickauer Zeitarbeitsfirma? Auch hier offenbart der Blog in
der Zeitschrift *Brigitte* Erstaunliches.

> **von Mira 29/01/2009 22:05**
> *Meniar befindet sich in Zwickau im VTB. Geschäftsführer ist*
> *Herr Over von Schlecker, des sich lt. Aussage Bl mit dieser*
> *Agentur selbständig gemacht hat.*[35]

Diese Information, die Verbindung über die Personalie Over,
sollte sich dann später auf eindrucksvolle Weise bei den Recherchen der »K1 Magazin«-Journalistin bestätigen. Aber lassen wir
uns zuerst noch einmal genau durch den Kopf gehen, welche
Grimmsche Geschichte sich hier entwickelt. Die Personalbe-
schaffung für das Ladenformat der Zukunft – Schlecker XL –
würde danach über das Selbständigkeitsexperiment eines bisherigen Schlecker-Mitarbeiters erfolgen? Der Gedanke allein ist
haarsträubend. Würde ein Unternehmen so vorgehen, das ansonsten extrem kontrollorientiert handelt? Nein, es würde ganz
und gar nicht so handeln. Es würde die Fäden sehr genau in der
Hand behalten wollen. Doch das Unternehmen des eingetragenen Kaufmanns Anton Schlecker beharrt darauf, dass alles mit
rechten Dingen zugeht.

Was Meniar benötigt, ist ein Tarifpartner. Und ein solcher
wird gefunden. So schließt Meniar mit der »Christlichen Gewerkschaft Zeitarbeit und Personalserviceagenturen (CGZP)«
einen Tarifvertrag ab. Dieser bildet die Grundlage für die Nied-
rig-Bezahlung in den neuen XL-Läden. Und es klingt natürlich
seriös »Christliche Gewerkschaft«. Aber nicht immer stimmen
Aufschrift und Inhalt überein.

Auch sie, die »Christliche Gewerkschaft Zeitarbeit und Personalserviceagenturen«, so wird sich am Ende herausstellen, ist nicht das, wofür sie sich ausgibt. Denn sie schließt Tarifverträge ab und das erfordert Tariffähigkeit. In mehreren Instanzen bis hin zum Bundesarbeitsgericht wird dies später verneint werden. In seinem Beschluss vom 14. Dezember 2010 stellt der 1. Senat des Bundesarbeitsgerichtes fest: »Die Tarifgemeinschaft Christlicher Gewerkschaften für Zeitarbeit und Personalserviceagenturen (CGZP) ist keine Spitzenorganisation, die in eigenem Namen Tarifverträge abschließen kann.«[36]

Wir kennen nicht den Prozess, der bei Meniar zur Wahl der »Christlichen Gewerkschaft Zeitarbeit und Personalserviceagenturen« als Vertragspartner führte. Es kann aber als plausibel gelten, dass die Bereitschaft dieser Organisation zur »Lohnflexibilität nach unten« eine wesentliche, wenn nicht sogar die entscheidende Rolle spielte. Die CGZP war in gewisser Hinsicht der Schlussstein im Brückenbogen des Schlecker-Konzeptes. Denn das Konzept erforderte einen Tarifpartner, der bereit war, Tarifverträge auf Basis von Niedrigkonditionen abzuschließen. Erst damit konnte Meniar den radikalen Schnitt bei den Arbeitsbedingungen durchführen, und zwar im Interesse von Schlecker.

Die Gewerkschaft Ver.di beschäftigte sich verständlicherweise von Beginn an mit der Thematik. Es ist erkennbar vor allem Ver.di zu verdanken, dass das Thema dann in der Folge so breit aufgegriffen wird. Denn nach und nach steigt das Interesse von Medien und anderen Organisationen und der Öffentlichkeit allgemein.

Am 5. Februar 2009 veröffentlicht der WAZ-Journalist Friedhelm Pothoff den Artikel »Der XL-Markt«. Darin beschreibt er die Schließung von Schlecker-Filialen, die durch neue XL-Läden ersetzt werden. Schon sehr früh zeichnet sich ab, wohin das Konzept in Verbindung mit Meniar führen könnte:

> *Aus der Perspektive von Ver.di-Gewerkschaftssekretärin Andrea Bornemann öffnet die Drogeriemarktkette Schlecker damit eine Tür, um sich künftig weder an tarifliche Bindungen noch an Mindestlohnsätze halten zu müssen. »Wir rechnen mit Stundenlöhnen im Bereich von 3,50 Euro bis 6,50 Euro und mit einer Abkehr von Dauerbeschäftigungen hin zu reinen Zeitverträgen, um den Druck auf die Belegschaft entsprechend groß gestalten zu können.«*[37]

Das ARD-Magazin »Panorama« nimmt sich am 16. April 2009 dieser Thematik in einem Beitrag mit dem Titel »Trotz Kündigungsschutz – Arbeitgeber feuern nach Belieben«[38] an.

In dieser Sendung bezieht Stefan Sell, Professor für Volkswirtschaftslehre, Sozialpolitik und Sozialwissenschaften an der FH Koblenz unmissverständlich Position. In einer Veröffentlichung geht er detailliert auf die gesamte Problematik des Trends zu Niedriglöhnen im Einzelhandel ein. Seine Analyse schließt er mit einem Appell:

> *Schlussendlich muss natürlich auch an den Verbraucher und seine »Marktmacht« appelliert werden, die durchaus vorhandenen erheblichen Unterschiede zwischen den Unternehmen der Branche, so weit das möglich ist, auch bei den eigenen Kaufentscheidungen zu berücksichtigen. Auch das Einkaufen kann ja eine politische Handlung sein. Nicht immer, aber manchmal, und gezielt würde helfen, die Rutschbahn nach unten vielleicht aufzuhalten.*[39]

Wahrscheinlich hat auch er nicht geahnt, dass genau diese Käuferreaktion eintreten wird, und zwar millionenhaft. Aber das wird noch eine Zeit dauern. Denn noch wird die Entwicklung bei Schlecker durch die Bevölkerung eher beobachtet. Zwar nicht unbedingt mit Wohlwollen, aber in einer Welt der zunehmenden Informationsflut kommen und gehen die Informationen. Und das hat sich wohl auch Schlecker gedacht.

Aber die Berichte im Fernsehen und in den Zeitungen reißen nicht ab. So zeigt das WDR-Magazin »markt« am 27. Juli 2009 einen Bericht, dessen Titel an Eindeutigkeit nichts zu wünschen übrig lässt. »Schleckers miese Masche mit den XL-Märkten – Lohndumping und Ausbeutung«.[40] Kennzeichnend ist die deutlich härtere Formulierung des Titels. Er zielt dieses Mal konkret auf Schlecker ab, und man ist sich seiner Sache auch sehr sicher. Denn wer ein Milliarden-Unternehmen mit diesen Vorwürfen konfrontiert, sollte die Fakten parat haben.

Am 10. September 2009 strahlt der Fernsehsender Kabel 1 das »K1 Magazin« aus. Eine der Reportagen ist der Film mit dem bezeichnenden Titel »Lohndumping XL«.[41] Er beginnt mit den eingangs geschilderten Erlebnissen der Schlecker-Verkäuferin Sonja Ross und klärt die Zuschauer dann über die Hintergründe auf. Es ist wohl dieser Film, der das Fass zum Überlaufen bringt. Denn es ist das investigative Vorgehen der Journalistin Eva-Maria Jerutka, das die ganze scheinheilige Schlecker-Fassade einstürzen lässt.

Die Sprengkraft des Berichtes für die Öffentlichkeit liegt darin, dass der Kreis plötzlich geschlossen wird. Die Spur startete in Ehingen und sie endete in Ehingen.

Und Prof. Sell, der die Entwicklung schon seit den Anfängen verfolgt hat, erklärt in dem Beitrag den Nutzen, der sich für Schlecker ergibt. Ein Nutzen, der sich in seiner Gesamtheit erst bei näherer Betrachtung erschließt:

*Das Schlecker Konzept mit den XL-Filialen hat drei wesent-
liche Vorteile. Erstens: Ich kann meine bisherigen Mitarbeiter
betriebsbedingt entlassen. Ich werde sie los. Zweitens: Die
neuen Mitarbeiter in diesem angeblich neuen Unternehmen
kann ich wesentlich billiger beschäftigen, ich spare also eine
Menge Personalkosten. Ja, und der dritte Grund, den man
nicht unterschätzen sollte, ist, ich kann mich auch der Mitbestimmung entledigen, also der Betriebsräte, die ich heute habe.*

Wenn sich beim Zuschauer hier schon eine ablehnende Hal-
tung gegenüber dem Vorgehen von Schlecker geformt hat,
dann kann sie nachfolgend nur noch verstärkt werden. Denn
die Auswirkungen werden von Prof. Sell unmissverständlich
auf den Punkt gebracht:

*Das besonders perfide an dieser Strategie von Schlecker,
einem Unternehmen mit einem Jahresumsatz von über 7,4
Milliarden Euro und mehr als 10 000 Filialen allein hier in
Deutschland, liegt doch darin begründet, dass wir im Ergebnis vor die Situation gestellt werden, dass dieses Unternehmen seinen Mitarbeiterinnen so niedrige Löhne zahlt, dass
die damit ihr Leben nicht bestreiten können und sogar Anspruch haben, Rechtsanspruch haben, auf Aufstocken der
Sozialleistungen, nämlich Arbeitslosengeld II, was wir alle
über unsere Steuermittel aufbringen müssen. Das heißt im
Endeffekt, wir alle werden noch mal zusätzlich zur Kasse ge-
beten, um die Billig-Billig-Strategie von Schlecker mitzu-
finanzieren. Das ist nicht in Ordnung.*

Ebenfalls kann er eine plausible Erklärung für den örtlichen
Firmensitz von Meniar geben, der mit Zwickau weitab von
Ehingen liegt:

Das die Zeitarbeitsfirma Meniar, die in Zukunft die gesamte Personalsteuerung da übernehmen soll bei Schlecker, dass die nicht in Ehingen sitzt, wo sie eigentlich hingehört, sondern in Zwickau, im Osten unserer Republik, hat ganz einfach den Grund, dass man nicht nur die eh schon niedrigen Tarife der Zeitarbeitsbranche nutzen will, sondern sogar noch mal die im Osten abgesenkten Tarife. Das heißt, man hat hier wirklich sozusagen ganz tief in die Trickkiste gegriffen.

Die Journalistin deckt die Verbindung zwischen Meniar und Schlecker auf. Schon in dem erwähnten Blog der Zeitschrift *Brigitte* vom Januar 2009 war sehr früh der Name Over gefallen. Über Over war gesagt worden, dass er vom Schlecker-Unternehmen kam und jetzt Geschäftsführer von Meniar sei.

Die Recherchen des »K1 Magazins« fördern nach und nach Überraschendes zutage. Sie finden anfangs heraus, dass der Meniar-Geschäftsführer Alois Over in früheren Fachpublikationen als Personal-Ansprechpartner von Schlecker genannt worden war. Damit bestätigen sich die frühere Tätigkeit im Unternehmen sowie der fachliche Hintergrund mit Nähe zu den Aufgaben einer Zeitarbeitsfirma. So weit scheint alles plausibel zu sein. Aber, und das ist die wesentliche Einschätzung der Journalistin, er ist sehr wahrscheinlich noch weiter für das Unternehmen tätig. Würde das stimmen, dann wäre die ganze Unabhängigkeit der Firmenkonstruktion das, was man auch ein Potemkinsches Dorf nennt, also reine Fassade. Die Journalistin will diese Annahme überprüfen und geht dazu recht couragiert vor. Sie reist zur Schlecker-Zentrale nach Ehingen. Dort meldet sie sich bei der Rezeption mit dem Wunsch an, Herrn Alois Over zu sprechen, und zwar unter dem Vorwand, einen Termin zu haben.

Innerhalb weniger Augenblicke hat sie Herrn Over am Telefon! Es verwundert kaum noch, dass er keine Zeit für ein Gespräch hat. Weder zum Zeitpunkt des Anrufs, was ja noch nachvollziehbar gewesen wäre, noch zu einem späteren Zeitpunkt.[42]

Das Unternehmen und seine Handlungen wurden durch die »K1 Reportage« in einer Weise bloß gestellt, wie dies nur selten bislang in Deutschland geschehen war. Welche Qualität dem TV-Beitrag auch aus journalistischer Sicht beizumessen war, zeigte sich ein Jahr später: Eva-Maria Jerutka erhält den Axel-Springer-Preis für junge Journalisten. Ihre Arbeit wird in der Kategorie Fernsehen als »herausragende Leistung« prämiert.[43]

Alle wesentlichen Steinchen des Puzzles hatten durch diese Reportage vom 10. September 2009 ihren Platz gefunden, das Bild war komplett. Die interessierte Öffentlichkeit hatte von jetzt an genau dieses Bild von Schlecker vor Augen. Und so weit sie das nicht schon längst getan hatte, bildet sich die Öffentlichkeit eine Meinung. Und sie reagiert mehr und mehr.

So kamen am 22. September 2009 weitere deutliche Worte, und zwar von kirchlicher Seite. Die katholische Betriebsseelsorge richtet einen offenen Brief an Anton Schlecker und bezieht eindeutig Position (siehe Abb. 14).

Der Brief adressiert mit klaren Fragen die Kernprobleme, die sich auftun: Der Wegfall des Arbeitsplatzes durch Schließung der bisherigen Läden und Neueröffnung von XL-Läden. Die dramatische Absenkung des Lohnniveaus. Die negativen Auswirkungen auf die Motivation und das seelische Wohlbefinden der Mitarbeiterinnen.

»Wirtschaft ist kein Ponyhof!«, könnte man hier antworten. Aber das ginge völlig am Punkt vorbei. Der Brief ist in seinem Kern ein Plädoyer für den fairen Umgang mit den Mitarbeiterinnen. Er steht damit in der besten Tradition der Sozialen

An die Konzernleitung der Firma SCHLECKER
Herrn Anton Schlecker
Talstr.12
89584 Ehingen (Donau)

Kath. Betriebsseelsorge
Diözese Augsburg
Diakon Erwin Helmer
Weite Gasse 5
86150 Augsburg

Tel.: 0821 – 31 52 192

**Offener Brief an die SCHLECKER Konzernleitung
und Verkaufsleitung Südbayern:
Hunderte von SCHLECKER-Beschäftigten verlieren ihre Existenzgrundlage
5 Fragen an Herrn Schlecker**

Augsburg, den 22.September 2009

Sehr geehrter Herr Schlecker,

Gestern traf sich zum ersten Mal in Augsburg für den Bereich Südbayern das neu gegründete "Solidaritätsteam SCHLECKER-Beschäftigte" mit Vertretern aus Politik, katholischer und evangelischer Kirche, Gewerkschaft, Betriebsräten aus verschiedenen Betrieben, aus KAB(Kath. Arbeitnehmer-Bewegung) und kath. Betriebsseelsorge. Auf der Grundlage von Berichten von verschiedenen Betroffenen der Firma SCHLECKER, aus persönlichen Gesprächen und verschiedenen Medienberichten ergeben sich für uns einige Fragen. Mit diesem offenen Brief an Sie verbinden wir die Hoffnung, dass Sie uns vielleicht einige dieser Fragen beantworten werden.

Ich möchte voraus schicken, dass es unser ausdrückliches Ziel ist, die Firma SCHLECKER und ihre Beschäftigten in eine positive Zukunft zu begleiten, mit fairen und Existenz sichernden Arbeitsplätzen, mit geregelter Mitbestimmung und fairen demokratischen Verträgen.
Die Fragen unseres SOLIDARITÄTSTEAMS an Sie lauten nun:

- Wir haben erfahren, dass SCHLECKER zahlreiche Märkte schließt, die Beschäftigten entlässt und meist in der Nähe des bisherigen Marktes einen neuen eröffnet. Ist es wahr, dass diese neuen Beschäftigten zu deutlich niedrigeren Löhnen mit einem höchst zweifelhaften "Tarifvertrag" einer so genannten "Christlichen Gewerkschaft" angestellt werden?

- Werden die neu Beschäftigten dann tatsächlich über die Leihfirma MENIAR, mit Sitz in Zwickau, nur mit Stundenlöhnen in den drei Kategorien: 6,15 Euro in E 1, 6,78 Euro in E 2, 7,14 Euro in E 3 bezahlt?

- Entspricht es der Wahrheit, dass der Tarifvertrag dieser angeblich "Christlichen Gewerkschaft" mit dem Namen "Christliche Gewerkschaft Zeitarbeit und PSA" (CGZP) am 1.4.2009 durch

Beschluss des Landesarbeitsgerichts   Berlin (Nummer: 35 BV 17008/08)
für nicht tariffähig erklärt wurde?

- Bundesweit soll es bereits über 600 Kündigungsschutzklagen der SCHLECKER-Beschäftigten geben, die vor den Arbeitsgerichten klagen. Entspricht das den Tatsachen?

- Wie werden Sie die soziale Verantwortung für Ihre oft langjährig Beschäftigten und deren Familien umsetzen?

Sehr geehrter Herr Schlecker,
Ich möchte Ihnen zum Schluss dieses Briefes ein Zukunftskonzept empfehlen, das in eine ganz andere Richtung geht.

- Gezielte Verbesserung des sozialen und menschlichen Images des Konzerns.

- Entschiedene Maßnahmen zur Motivierung der Belegschaften, insbesondere bessere Vereinbarkeit von Familie und Beruf, Unterstützung von Alleinerziehenden, Integration von Schwerbehinderten u.v.m.

- Vor allem aber faire Bezahlung und Existenz sichernde Löhne.

Als Betriebsseelsorger bitte ich Sie, die oben genannten Maßnahmen kritisch zu überprüfen. Wir hoffen, dass die Beschäftigten gute Arbeit haben, anständig behandelt werden und mit guter Motivation ihre Arbeit tun können.

Mit freundlichen Grüßen

Erwin Helmer, Diakon
Leiter Kath. Betriebsseelsorge Diözese Augsburg
Ansprechpartner für Betriebsseelsorge in Bayern

Abb. 14: Brief der Katholischen Betriebsseelsorge an Anton Schlecker
(Quelle: Helmer, 2009)

Markwirtschaft, einem der Grundpfeiler der Bundesrepublik Deutschland. Und doch wird es noch einige Monate dauern, bis sich über alle politischen Lager hinweg eine breite Opposition gegen dieses Handeln von Schlecker aufbaut.

Dieser spezielle Aspekt, die Verbindung von Wirtschaft und ethischem Handeln, macht auch die besondere Bedeutung des Falles aus. Im Masterkurs für Unternehmensführung an der Hochschule Heilbronn wurde der Schlecker-Fall auch unter diesem Aspekt behandelt. Die Einschätzung war eindeutig. Mit einem derartigen Verhalten wird Schlecker zu einem »Totengräber der Sozialen Marktwirtschaft«.

Was der offene Brief der Katholischen Betriebsseelsorge deutlich zeigt, ist die zunehmende Öffentlichkeit der Diskussion. Der Schlecker-Beitrag des »K1 Magazins« und weitere Berichte über die Schlecker-Meniar-Praktiken führten zu Kommentaren in der Bevölkerung, die nicht eindeutiger hätten sein können. Die *Süddeutsche Zeitung* überschreibt ihren Artikel mit dem Zitat eines Gewerkschaftsvertreters: »Das ist eine einmalige Schweinerei«.[44] Wenn Anton Schlecker bereit war zu hören, dann musste ihm klarwerden: Es braut sich etwas zusammen. Kennzeichnend für diese Phase ist aber ein Verhalten von Schlecker, dass als »Verweigern der Kommunikation« beschrieben werden kann. Das Unternehmen wird durch sein Verhalten mehr und mehr zu einem Sinnbild für menschenverachtende Unternehmensführung. Und das Unternehmen reagiert darauf … nicht.

Dafür kann es vor allem zwei Ursachen geben:

1. Anton Schlecker ist sich der Fragwürdigkeit seines Handelns bewusst und versucht, die Situation »auszusitzen«.
2. Anton Schlecker fühlt sich im Recht. Er kann daher für sich

die Außenkritik nicht nachvollziehen und verzichtet auf eine entsprechende Gegenkommunikation.

Vieles spricht dafür, dass eher die zweite Erklärung zutrifft. In der Tradition bisheriger Nicht-Kommunikation wird der eigene Standpunkt erst gar nicht erläutert. Dies erinnert sehr an das Sprichwort: »Die Hunde bellen, die Karawane zieht weiter.« Etliches von der Kritik muss wohl in der Zentrale in Ehingen wie das gewohnte »Bellen der Hunde« angekommen sein. Und die starke »Schlecker-Karawane« würde sich natürlich davon nicht abhalten lassen. Und schließlich hatte man die Angelegenheit ja von Rechtsanwälten prüfen lassen, wie Lars Schlecker später betonen wird: »Wir haben uns juristisch beraten lassen, und es hieß, das Modell sei zulässig.«[45]

Keine andere Aussage als diese zeigt besser, dass der menschliche Kompass bei Schlecker in einem so existentiellen Thema nicht funktionierte. Es drängt sich auch förmlich die Frage auf, wie weit das Unternehmen gegangen wäre, wenn sich weitere »juristisch zulässige Modelle« gefunden hätten.

Aber die Dinge sollten sich völlig anders entwickeln. Es würde zu einer Medienlawine kommen, wie sie in der deutschen Wirtschaftsgeschichte nur selten, wenn überhaupt, vorgekommen war. Zwei Gründe dürften dafür den Ausschlag gegeben haben: Die Unverfrorenheit des Meniar-Konzeptes und die Größe des Unternehmens. Und natürlich nicht zu vergessen, die Kommunikation. Wobei hier besser von der Nicht-Kommunikation des Unternehmens zu sprechen ist.

Von einem Unternehmen, das sich, ob zu Recht oder Unrecht, derartigen Vorwürfe ausgesetzt sieht, erwartet die Öffentlichkeit eine klare Stellungnahme. Sind die Vorwürfe nicht stichhaltig, muss das Unternehmen den Sachverhalt sofort klären. Erweisen sich die Vorwürfe aber als zutreffend, dann stellt das Stoppen der Handlung und eine öffentliche Entschuldigung das dar, was erwartet wird. Aber im Falle von Schlecker geschieht weder das eine noch das andere.

Das kann von der Öffentlichkeit nur so gewertet werden, dass die Vorwürfe korrekt sind. Aber nicht nur, dass die »Schweinereien« zutreffen, sondern dass das Unternehmen auch beabsichtigt, damit fortzufahren. Das stellt in den Augen der Öffentlichkeit nichts anderes als eine offene Provokation dar.

Insgesamt musste der Eindruck entstehen, dass der Milliardär Anton Schlecker versucht, durch Meniar in unfairer Weise die Löhne seiner Verkäuferinnen auf ein Niedrigniveau zu drücken, und dies ohne jegliche Rücksicht auf die Meinung der Öffentlichkeit. Dieses Nicht-Reden-Wollen mit der Öffentlichkeit kam bei den Menschen an, wie das sprichwörtliche »Ihr könnt mich mal …«. Es ist dann auch gar nicht mehr wichtig, was Anton Schlecker in diesem Zusammenhang tatsächlich dachte. Wichtig ist nur noch, welche Botschaft bei der Bevölkerung ankam. Und sie war fatal.

Kennzeichnend für viele der Fernsehberichte ist das Aufzeigen von Einzelfällen, um den Zuschauern den Sachverhalt konkret vor Augen zu führen. Speziell das Interesse der Fernsehanstalten der ARD führt dazu, dass die Reportagen einen regionalen Bezug bekommen. Dies verstärkt die Negativwirkung noch weiter. Denn dadurch ist es für die Zuschauer im Rhein-Main-Gebiet nicht mehr eine entfernte Verkäuferin in Berlin, die es trifft. Es ist die Verkäuferin in einem Frankfurter Stadtteil, den man kennt. Ein Stadtteil, durch den man vielleicht morgens auf dem Weg zur Arbeit kommt. Schlecker und Meniar sind dann nicht mehr weit weg, sondern gefühlt fast vor der Haustür.

Schließlich findet die Kontroverse ihren Weg in den Bundestag. In der 6. Sitzung des 17. Deutschen Bundestages am 25. November 2009 stellt die Bundestagsabgeordnete Sabine Zimmermann, Partei Die Linke, an die Bundesregierung folgende Frage:

> *Welche rechtlichen Schlussfolgerungen zieht die Bundesregierung daraus, dass das Unternehmen Schlecker versucht, mit der Zeitarbeitsfirma Meniar einen mit der Gewerkschaft Ver.di geschlossenen Tarifvertrag über Lohn- und Arbeitsbedingungen im Unternehmen zu unterlaufen, und wie steht sie zu dem Vorwurf, dass es sich dabei de facto um eine »rechtsmissbräuchliche Strohmann-Konstruktion« handelt, vor dem Hintergrund, dass laut* Wirtschaftswoche *vom 16. November 2009 der Geschäftsführer dieser Zeitarbeitsfirma jahrelang Toppersonalmanager bei Schlecker war und ein Büro am Konzernsitz unterhält?*[46]

Die Antwort gibt Hans-Joachim Fuchtel, Parlamentarischer Staatssekretär beim Bundesministerium für Arbeit und Soziales. Zu Beginn seiner Antwort stellt er zuerst einmal fest, dass das Ministerium keine unmittelbaren Kenntnisse habe, weswegen auch keine rechtspolitischen Schlussfolgerungen gezogen werden könnten. Dann gibt er jedoch zu erkennen, wie das Thema tatsächlich eingeschätzt wird:

> *Die Bundesregierung ist kein Forschungsinstitut, dessen Aufgabe es wäre, solchen Einzelfällen nachzugehen.*[47]

Die Antwort ist, höflich formuliert, ein Schlag ins Gesicht der Existenzängste der Verkäuferinnen. Es signalisiert eine völlig unverständliche Mischung aus Ignoranz und Desinteresse.

Hätte sich der Staatssekretär besser informiert, dann hätte er leicht erkennen können, dass hier nicht von einigen wenigen Personen die Rede ist, sondern von tausenden Betroffenen. Sehr viel scheint man in diesen Tagen im Ministerium nicht zu wissen, was draußen im Land passiert und die Menschen zunehmend erregt. Dabei müsste genau dieses Ministerium sich ganz besonders für das »Sozial« in der Sozialen Marktwirtschaft engagieren und mögliche Fehlentwicklungen permanent beobachten und bewerten. Ein funktionierendes Frühwarnsystem hat das Ministerium jedenfalls nicht und läuft damit der Entwicklung im Schlecker-Fall hinterher.

Demokratie muss wehrhaft sein gegen ihre Angreifer, um bestehen zu können. Das ist im Kern der Ursprung des Begriffes »Wehrhafte Demokratie«. Nicht viel anders sieht es mit der Sozialen Marktwirtschaft aus. Wer sie erhalten will, muss sie auch verteidigen wollen. In diesem Sinne ist eine »Wehrhafte Soziale Marktwirtschaft« erforderlich. Das Verhalten von Anton Schlecker war eindeutig als ein Angriff auf die Soziale Marktwirtschaft zu werten[48]. Aber auf einigen Berliner Fluren schien man das noch nicht erkannt zu haben.

Was von der Angelegenheit zu halten ist, diese Antwort wird z. B. Anfang Januar 2010 der Bundestagsabgeordnete Peter Göppel, CSU, geben. Die *Nürnberger Zeitung* berichtet über den Brief, den der Abgeordnete an Anton Schlecker gerichtet hat. Heftig kritisiert Göppel in unmissverständlichen Worten die Vorgehensweise von Schlecker, wie die *Nürnberger Zeitung* ausführt:

> *»Sie werden damit Ihrer unternehmerischen Verantwortung in keinster Weise gerecht«, schreibt Göppel in einem Brief an den Firmenchef und Milliardär Anton Schlecker (Adresse: Im Schlecker-Land) persönlich. Die Mitarbeiterinnen würden nun Opfer verfehlten Managements. Konkurrierende Handelsketten würden beweisen, »dass eine faire Behandlung verdienter Angestellter Voraussetzung für Kundenzufrieden-*

heit und Wachstum sind«. Und weiter: »Sie dürfen für Ihre
Unternehmenspolitik kein Verständnis mehr erwarten.« Er
empfehle deshalb »dringend«, die langfristigen Folgen einer
solchen Unternehmenspolitik zu bedenken. Göppel weist da-
raufhin, dass die Allgemeinheit einen Teil der Restrukturie-
rungskosten zu tragen habe. Er habe deshalb »bei Bundes-
arbeitsministerin Von der Leyen darauf gedrängt, dass
schnellstmöglich Maßnahmen gegen Restrukturierungen auf
Kosten der Sozialversicherungssysteme nach dem Modell
Schlecker ergriffen werden«.[49]

Interessant ist der Artikel der *Nürnberger Zeitung* auch noch
aus einem anderen Grund. Er beschreibt neben der Empörung
auch die konkrete Reaktion, nämlich Kaufverweigerung. Eine
Lawine setzt sich allmählich in Bewegung:

Erst im Dezember des vergangenen Jahres hatte Schlecker in
Heroldsberg (Kreis Erlangen-Höchstadt) für Negativschlag-
zeilen gesorgt. Auch dort war eine alte Filiale geschlossen
und eine XL-Filiale eröffnet worden, mit schlechter bezahlten
Mitarbeiterinnen. Bürgermeister Johannes Schalwig (CSU)
hatte daraufhin die Mitarbeiter der Gemeinde angewiesen,
dienstliche Dinge nicht mehr dort einzukaufen. Eine Aktion,
die »bei der Bevölkerung gut ankam«, wie Schalwig der NZ
erzählte.[50]

Der Fall wird jedenfalls auch das Parlament weiter beschäftigen. Und auch das Ministerium beginnt, aktiv zu werden. In
der Zwischenzeit werden die öffentlichen Reaktionen immer
intensiver. Nach und nach geben jetzt auch immer mehr Organisationen ihre Stellungnahme zum Schlecker-Meniar-Kom-
plex ab. Und auch dort, wo vielleicht Unterstützer zu vermuten

gewesen wären, sind sie nicht zu finden, ganz im Gegenteil. Am 8. Januar 2010 gibt der Bundesverband Zeitarbeit Personal-Dienstleistungen (BZA) eine Pressemeldung heraus, die hinsichtlich Distanzierung und Kritik ebenfalls nichts an Deutlichkeit vermissen lässt. Völlig zu Recht sieht der Verband die negative Ausstrahlung von Meniar auf das Image der Zeitarbeit (siehe Abb. 15).

Der Druck auf das Unternehmen wurde letztlich so stark, dass sich Anton Schlecker entschloss, kurz nach Jahresbeginn 2010 nachzugeben und die Zusammenarbeit mit Meniar aufzukündigen. Am 11. Januar 2010 fasst die *Wirtschaftswoche* das Ganze unter der Überschrift »Schlecker knickt ein« wie folgt zusammen:

Drogeriemarktkönig Anton Schlecker verabschiedet sich von seinem fiesen Zeitarbeits-Trick, mit dem er Gewerkschaften, Zeitarbeitsverbände, Politiker aller Parteien und die Bundesarbeitsministerin gegen sich aufgebracht hat. Einsicht zeigt er aber nicht.[51]

Nachgeben: Ja, Fehler zugeben: Nein. Dabei wäre es der richtige Zeitpunkt gewesen, in sich zu gehen. Der Zeitpunkt, über all diese unsäglichen Entscheidungen nachzudenken. Der Zeitpunkt, die Fehler einzugestehen, Verantwortung öffentlich zu übernehmen. Wir erinnern uns: »Alleininhaber ist Anton Schlecker, der eigenständig über die Strategie und die Unternehmenspolitik entscheidet.«

Aber es geschieht nicht. Nein, der oberste Stratege wird diese Niederlage auch nicht persönlich bekanntgeben. Dafür hat man schließlich seine Leute.

Wer sich für deutsche Geschichte interessiert, kann allerdings nicht umhin, an ein historisches Ereignis zu denken: Im

Pressemitteilung

Nutzung von Zeitarbeit durch Schlecker
Schlecker schadet dem Image der Branche

08.01.2010 bza // Anlässlich der aktuellen Diskussion über Schlecker kritisiert der Bundesverband Zeitarbeit (BZA) die Praxis von konzerninterner Arbeitnehmerüberlassung, wenn dadurch Tarifverträge ausgehebelt, bestehende Löhne gedrückt und die Arbeitsbedingungen der Arbeitnehmer verschlechtert werden.

Hauptgeschäftsführer Ludger Hinsen erklärt hierzu: „Der BZA kritisiert, wenn auf diesem Wege bereits bestehende Arbeitsplätze in Zeitarbeitsverhältnisse umgewandelt und Mitarbeiter gar unter Druck gesetzt werden, Aufhebungsverträge zu unterschreiben, um als Zeitarbeitnehmer einer anderen Gesellschaft dieselbe Arbeit zu verrichten. Solch ein Geschäftsgebaren entspricht nicht dem ursprünglichen Sinn der Zeitarbeit, missbraucht den ,Mechanismus Zeitarbeit' und schadet unserem Image."

Der BZA distanziert sich ausdrücklich von dieser Geschäftspolitik Schleckers, die mit der Firma Meniar die Zeitarbeit lediglich dazu nutzt, die Arbeitsbedingungen der ursprünglich direkt bei Schlecker beschäftigten Arbeitnehmer zu drücken.

Der BZA spricht sich allerdings nicht pauschal gegen konzerninterne Zeitarbeit aus. Sie hat ihre Berechtigung, wenn dadurch unter anderem

* (Massen-)Entlassungen vermieden werden,
* Mitarbeiter auch in anderen Unternehmen eingesetzt werden,
* Angestellte gezielt fortgebildet werden
* oder sich grundlegende Faktoren innerhalb eines Unternehmens verändern, die eine flexible Personalpolitik auch mit Hilfe von Zeitarbeit erfordern.

Bundesverband Zeitarbeit Personal-Dienstleistungen e.V. (BZA)
Pressesprecher: Michael Wehran • 030/ 767 75 23 0 • E-Mail: presse@bza.de

Abb. 15: Pressemitteilung des BZA (Quelle: BZA, 2010)

Herbst 1918 wurde den Militärs (Hindenburg und Ludendorff) klar, dass der Krieg verloren war. Die Niederlage, die völlig entgegengesetzt zu den Durchhalteparolen der Militärs war, musste jetzt der Bevölkerung mitgeteilt werden. Doch dazu hatte die militärische Führung nicht den Mut. Diese Aufgabe mussten die Zivilisten übernehmen.

In Unternehmen verfügen wir ja heute über Presse- bzw. Unternehmenssprecher. Und so war es Aufgabe des Sprechers, die Öffentlichkeit zu informieren. Über die *Stuttgarter Nachrichten* erfährt sie Folgendes:

> *Schlecker will auf Anfrage unserer Zeitung künftig nicht mehr mit Meniar zusammenarbeiten. Die öffentliche Diskussion um die Beschäftigung von Leiharbeitnehmern der Firma Meniar durch Schlecker habe man nicht nachvollziehen können. »Um diese jedoch zu beenden, hat die Firma Schlecker beschlossen, mit sofortiger Wirkung keine neuen Arbeitnehmerüberlassungsverträge mit Meniar mehr abzuschließen«, teilte Schlecker mit.*[52]

Übersetzt heißt das so viel wie: Wir sind und fühlen uns im Recht, beugen uns aber dem Druck!

Mutig wäre es von Anton Schlecker gewesen, eine Pressekonferenz in Ehingen einzuberufen und den Fehler ehrlich einzugestehen. Mutig wäre es gewesen, die Richtung für eine neue Unternehmenskultur aufzuzeigen.

Wenn es je einen Zeitpunkt gegeben hat, wo Anton Schlecker durch sein öffentliches Auftreten zukünftigen Schaden vom Unternehmen hätte abwenden können, dann war es an diesem Tag. Aber er lässt diese Gelegenheit ungenutzt verstreichen.

Fast genau zwei Jahre später wird es dann doch zu einer

Pressekonferenz in der Zentrale in Ehingen kommen. Nur zwei Jahre werden zwischen der störrischen Uneinsichtigkeit und dem finanziellen Untergang des Milliardenimperiums liegen. Denn es wird die Pressekonferenz sein, in der zur Insolvenz des Unternehmens Stellung bezogen wird. Für die Schlecker-Familie wird dort Tochter Meike Schlecker sitzen, während ihr Bruder, Lars Schlecker, mit den Beschäftigten spricht. Wir werden auch hier Anton Schlecker nicht zu Gesicht bekommen.

Aber kehren wir zurück zu den Ereignissen im Januar 2010. Anton Schlecker gibt den Journalisten des *manager magazins* ein Exklusivinterview. Es ist ein Interview, das bei näherer Betrachtung zwei Phasen in der Entwicklung des Unternehmens verbindet. Es schließt die Phase der »XL-Kostensenkung« ab und leitet gleichzeitig zur Endphase über. Daher findet das Interview in beiden Abschnitten Verwendung.

Der Rahmen des Interviews hat natürlich nichts mit der Atmosphäre einer Pressekonferenz zu tun: kein Blitzlichtgewitter, keine Kamerateams und schon gar keine Journalistengruppen. Nein, was im *manager magazin* beschrieben wird, das klingt nach einer Audienz bei Hofe. Und der Drogeriekönig Schlecker bittet nur selten zur Audienz: »Eigentlich gibt Anton Schlecker keine Interviews. Ausnahmen macht er nur für *manager magazin* – erstmals 1995 und dann wieder 15 Jahre später.«[53]

Bezeichnend ist der Titel des Interviews: »Wir wollen keinen Ärger«. Dieser Titel gibt die Grundhaltung von Anton Schlecker wieder. Angebrachter wäre gewesen »Wir sehen ein, wir haben unsere Verkäuferinnen falsch behandelt«. Aber nein, zu einer derartigen Einsicht kommt Anton Schlecker nicht. Dieses »Wir wollen keinen Ärger« zeigt im Grunde, worum es ihm geht: Er möchte seine Ruhe haben.

Oder mit anderen Worten: Hätte die Schlecker-Karawane unbehelligt weiterziehen können, wären dann noch Bedenken gegen die Umsetzung des Meniar-Konzeptes geäußert worden? Wohl kaum. Keine Andeutung eines Fehlers. Nichts.

Und natürlich, wie so häufig, wurde es von der Öffentlichkeit wohl nicht richtig verstanden:

> *manager magazin: Herr Schlecker, Sie stehen derzeit wieder besonders unter Beschuss durch die Gewerkschaften. Und die Vorwürfe sind wirklich knackig. Nur ein Beispiel: Für Ihre neuen Megastores wollten Sie in der untersten Gehaltsklasse nur 6,50 Euro pro Stunde bezahlen, das ist etwa die Hälfte dessen, was eine Kassiererin bei Schlecker sonst verdient.*
>
> *Anton Schlecker: Wir haben diesen Betrag mal angedacht, aber davon ist jetzt keine Rede mehr.[54]*

Das klingt, als habe sich all das, was die Öffentlichkeit bei den XL-Läden auf die Barrikaden brachte, nur auf der Ebene eines Gedankenspiels bewegt. Es bedarf nur wenig Phantasie, um sich vorzustellen, dass für die noch größeren Megastores das gleiche Konzept eingeführt werden sollte. Jetzt, nachdem das angedachte Niedriglohnkonzept aber gescheitert ist, scheint es, als solle alles heruntergespielt werden.

Aufschlussreich sind die Erklärungen von Anton Schlecker zur Strategie des Unternehmens. Und hier zeigt er erstaunlicherweise genau die Offenheit für Fehler, die er, wenn es um die Verkäuferinnen geht, völlig vermissen lässt:

> *manager magazin: Ihre Konkurrenten wie dm oder Rossmann leiden weniger unter Aldi und Co. Sie locken die Käufer mit großzügigen und einladend gestalteten Läden. Die Schlecker-Shops hingegen sind eng und karg. Da wundert es nicht, dass preisbewusste Kunden gleich zu den Discountern abwandern.*

*Anton Schlecker: Deswegen haben wir ja versucht gegenzu-
steuern. Seit 2004 verlieren wir in Deutschland, unserem mit
Abstand wichtigsten Markt, an Umsatz. Also begannen wir,
die Läden geräumiger und schöner zu machen. Aber nach
der Renovierung von 100 bis 200 Märkten merkten wir:
Schönheit allein genügt nicht, die Erlöse pro Fläche sind
trotzdem nicht gestiegen.*

manager magazin: *Haben Sie zu spät reagiert, erst als das
Image schon arg angekratzt war?*

*Anton Schlecker: Ich glaube nicht, dass unser Image beschä-
digt ist. Aber wir haben nur kleinkarierte Sachen auspro-
biert. Heute wissen wir, dass wir mehr experimentieren, dass
wir unser gesamtes Geschäftsmodell umwälzen müssen. In
diesem Prozess stecken wir mittendrin.*[55]

In ungewöhnlicher Offenheit gesteht Anton Schlecker die Fehler und Versäumnisse im Geschäftsmodell ein. Aber was das
Schlecker-Image betrifft, zeigt sich bei näherem Hinsehen wieder eine erstaunliche Verdrängung von unliebsamen Realitäten. Die Aussage, dass er nicht an eine Beschädigung des Schle-
cker-Images glaube, kann im Grunde nur Kopfschütteln
hervorrufen. Schlecker war durch Meniar zu einem regelrech-
ten Hassobjekt in der Öffentlichkeit geworden. In solch einem
Ausmaß hat dies zuvor wohl für kaum ein anderes Unternehmen je gegolten. Und in dieser Situation, kurz nach dem Höhepunkt der Meniar-Auseinandersetzungen, sieht er keine Imageschäden? Hier zeigt sich ein kaum noch zu überbietendes Maß
an Realitätsverlust. Von manchen Monarchen wird berichtet,
sie hätten sich unerkannt unter das Volk gemischt, um zu erfahren, was über sie gesprochen wird. Auch Anton Schlecker
hätte dies tun sollen. Es hätte mit Sicherheit zu ganz anderen
Einsichten geführt.

All das klingt zwar sehr hart, aber auch hier hilft kein Beschönigen. Nicht viele Unternehmen schaffen es, namentlich zum Diskussionsgegenstand in Bundestag und Bundesrat zu werden. Und noch viel weniger Unternehmen schaffen es, dass aufgrund ihres Verhaltens Gesetze verschärft werden. Wir sprechen von der »Lex Schlecker«. Das ist im Übrigen keine Wortschöpfung des Autors. Es ist die Bezeichnung, die in Fachkreisen für dieses Gesetz genutzt wird.[56] Es wird noch einige Zeit dauern, bis das Gesetz in Kraft tritt. Aber Schlecker hat hier eine Lawine losgetreten. Er war beides: ein ausgesprochenes Negativbeispiel in seinem individuellen Vorgehen und zugleich auch ein Sinnbild für Fehlentwicklungen in der Zeitarbeitsbranche.

Mit der Bundesratsdrucksache 62/10 stellen die Länder Rheinland-Pfalz und Bremen am 4. Februar 2010 einen Antrag:

Entschließung des Bundesrates gegen die Verdrängung oder Ersetzung von Stammbelegschaften durch die Beschäftigung von Leiharbeitnehmerinnen und Leiharbeitnehmern.[57]

Dieser Antrag zielte genau auf Schlecker und die Fehlentwicklungen. Und wenn Anton Schlecker sich hinsichtlich seines Images im Unklaren war, dann hätte er der Rede von Frau Malu Dreyer folgen sollen. Als rheinland-pfälzische Ministerin für Arbeit, Soziales, Familie und Gesundheit begründete sie in der Bundesratssitzung vom 12. Februar 2010 die Initiative. Abbildung 16 zeigt einen Ausschnitt der Rede, der für sich selbst spricht.

Wieso ist dies im Gesamtzusammenhang von Bedeutung? Anton Schlecker war ganz offensichtlich der Meinung, dass mit dem Ende der Meniar-Aktivitäten dieses Kapitel abgeschlossen sei. So als hätte man einen Laden geschlossen, der sich nicht

866. Bundesratssitzung am 12. Februar 2010

Rede von Frau Staatsministerin Malu Dreyer zu TOP 56

Entschließung des Bundesrates gegen die Verdrängung oder Ersetzung von Stammbelegschaften durch die Beschäftigung von Leiharbeitnehmerinnen und Leiharbeitnehmer

- Drucksache 62/10 -

Herr Präsident,

meine sehr geehrten Herren und Damen,

in den vergangenen Wochen und Monaten gingen Meldungen durch die Medien, dass Unternehmen legale Winkelzüge nutzen, um Tarifvereinbarungen zu umgehen und Löhne zu drücken.

Wie raffiniert und wie brutal Unternehmen vorgehen, wenn es darum geht, die Lohnkosten zu drücken, zeigt das Beispiel der Firma „Schlecker".

Der Drogeriediscounter hat im Jahr 2009 rund 1.000 kleinere Läden geschlossen. Dafür wurden und werden größere so genannte XL-Märkte eröffnet, oft in direkter Nachbarschaft zu den ehemaligen Geschäften. Hunderten Mitarbeiterinnen und Mitarbeitern, die gerade noch Tariflohn bekommen haben, wurde betriebsbedingt gekündigt.

Abb. 16: Auszug aus der Rede von Ministerin Malu Dreyer
(Quelle: Dreyer, 2010)

rentierte. Dies war aber ein anderer Sachverhalt und die Einschätzung war grundlegend falsch. Mit dem Ende von Meniar war zwar die wesentliche Ursache der Turbulenzen aus der Welt geschafft, aber eben nicht die negative Wirkung, die über Monate entstanden war.

Im unternehmerischen Weltbild von Anton Schlecker scheint es keinen Platz für das Thema Image gegeben zu haben. Ganz grundsätzlich hatte er offensichtlich kein hinreichendes Verständnis für die zunehmende Bedeutung von Image für ein Unternehmen. Und damit schien er auch keine Vorstellung von der existenzbedrohenden Dynamik von Imageschäden zu haben, speziell für ein Unternehmen des Einzelhandels. Von allen Themen, die auf seiner unternehmerischen Agenda einen hohen Stellenwert hatten, ist dieses nie ein erkennbares gewesen. Auch in dem Interview greift er die Thematik nicht auf, sondern redet sie klein. Ihm hätte bewusst sein müssen, dass der spezielle Erfolgsfaktor seines Unternehmens, nämlich die Allgegenwart der Läden, ihn auch automatisch zu einem Gegenstand des öffentlichen Interesses macht.

In einem Artikel vom 15. Januar 2010 greift die W&V-Journalistin Frauke Schobelt die Thematik des Image-Problems von Schlecker auf. Hierfür analysiert Kai-Achim Jach, Geschäftsführer der Düsseldorfer Agentur CrossPR, die Verlautbarungen des Unternehmens. Er sieht die Maßnahmen von Schlecker nur als kurzfristige Schadensbegrenzung, die nicht an die Wurzeln des Problems gehen. Die Überschrift des Beitrags (Schlecker: »Oberflächliche PR-Kosmetik«) spiegelt die Kernaussagen wieder. Eine wirkliche Lösung wird nach Einschätzung von Jach nur über einen langen, schwierigen Weg möglich sein. Ein Weg, der gleichbedeutend ist mit einem radikalen Wandel:

Schlecker hat [...] in erster Linie ein strukturelles Problem aus dem ein kommunikatives erwächst. Auch wenn Schlecker zurückrudert und künftig auf eine Leiharbeitsfirma verzichten möchte, scheint der Discounter mit diesen Einzelaktionen Begradigungen vorzunehmen und wie in der Vergangenheit auf die Vergesslichkeit der Verbraucher zu hoffen. Der Drogist lässt dabei aber gesellschaftliche Entwicklungen außer Acht. Selbst bei preisbewussten Verbrauchern setzen sich Megatrends wie die »Demokratisierung der Nachhaltigkeit« immer weiter durch. Der Verbraucher orientiert sich in seinem Konsumverhalten zunehmend an den sozialen und ökologischen Werten, die er mit einem Unternehmen verbindet. Einige Wettbewerber sind hier schon einen Schritt weiter. Der Konkurrent dm kann schon fast als Gegenpol der Branche angesehen werden. »Kapitalismus aus der Waldorfschule« nannte das Handelsblatt *vor einigen Jahren die Unternehmenspolitik des dm-Gründers Götz Werner, aufgrund seiner anthroposophischen Ansätze, die das Wohl des Menschen, ob als Kunde oder als Mitarbeiter, in den Mittelpunkt stellen. Der Erfolg gibt ihm Recht.*

Wollen Unternehmen PR-Krisen wie bei Schlecker verhindern, bedarf es der operativen und kommunikativen Implementierung von nachhaltigen Wertestrukturen und damit einer Positionierung als wertorientiertes Unternehmen. Diese Werte dürfen nicht nur als Kommunikationsblase existieren. Widersprüche kommen hier in der Regel schnell zutage und werden umso mehr von der Öffentlichkeit bestraft. Nur über einen von der Unternehmensführung initiierten und ernstgemeinten Change-Prozess ist ein mittel- bis langfristiger Imagewandel vollziehbar. Doch auch dieser Weg wird steinig, denn die Glaubwürdigkeit ist massiv angeschlagen. So werden auch in Zukunft die Gewerkschaften und Journalisten ein waches Auge auf den Drogisten werfen. Und selbst wenn dieser einen Wandel einleiten sollte, werden kleinste Verfehlungen als systemimmanente Verhaltensweisen an den Pranger gestellt. Einsicht, Verhaltenskorrekturen und ein langer Atem sind die Voraussetzungen, um langfristig das Vertrauen der Kunden zurückzugewinnen.[58]

Aber Anton Schlecker scheint keine Sensitivität für die Bedeutung von Unternehmensimage, Werthaltungen oder Nachhaltigkeit zu besitzen. Dinge, die sich nicht in Euro und Cent rechnen lassen, sondern eine andere Art von unternehmerischem Gespür erfordern. Entweder konnte oder wollte er das schlechte Image seines Unternehmens nicht erkennen. Umso weniger war er damit auch in der Lage, die existenzbedrohenden Folgeeffekte vorauszusehen.

Die Stimmung gegen Schlecker war als Folge von Meniar aufgeheizt, um es vorsichtig zu formulieren. Emotionen lassen sich aber nicht abstellen, so wie ein Laden geschlossen werden kann. Die vielfältige Medienberichterstattung hatte bei weiten Kreisen der Bevölkerung ein klares, und zwar klar negatives Bild geformt. Niemand kann alle Nachrichtensendungen über Schlecker sehen und niemand kann alle Zeitungsartikel lesen. Aber die schiere Fülle der Berichterstattung, die Emotionen der Betroffenen, die Greifbarkeit des Unfairen, all das hatte tiefe Spuren in der Öffentlichkeit hinterlassen. Das Unternehmen wurde zunehmend mit offenem Misstrauen betrachtet.

Was hatte Anton Schlecker dem entgegenzusetzen? Er ließ den Pressesprecher kurz die weiße Flagge schwenken und wollte ansonsten wieder in Ruhe gelassen werden. Das Unternehmen hätte aber jetzt entscheidende Veränderungen durchführen und besonders intensiv nach außen kommunizieren müssen. Die Botschaft, das Meniar-Konzept zu beenden, war zwar ein wichtiger Schritt, aber eben nur ein Schritt. Wie viele Menschen hatten diese Nachricht in den Medien überhaupt wahrgenommen? Im Grunde eine Meldung von vielen, die schnell an Aktualität verliert.

Um es an einem einzelnen Beispiel zu verdeutlichen: Anfang Januar 2010 hatte die *Nürnberger Zeitung* in ihrem bereits angesprochenen Artikel über die Reaktion eines Bürgermeisters berichtet. Dieser hatte nach Schließung des bisherigen Schlecker-Ladens und Eröffnung eines neuen XL-Ladens mit niedrig bezahlten Verkäuferinnen ein Signal gesetzt: Die Mitarbeiter der Gemeinde wurden angewiesen, keine dienstlichen Käufe mehr dort zu tätigen.[59] Nach Schleckers Logik wäre die Welt nach dem Ende von Meniar wieder in Ordnung gewesen. Aber es braucht nur wenig Phantasie, um sich vorzustellen, dass diese Dienstanweisung nicht ohne weiteres zurückgenommen wurde, nur weil ein Unternehmenssprecher das Ende der Meniar-Zusammenarbeit verkündete.

Die Meldung eines Sprechers »Wir hören mit Meniar auf«, konnte als einzelne Information in keiner Weise ausreichen, um den emotionalen Schaden, diesen massiven Vertrauensverlust, auszugleichen.

Und die Politik, insbesondere das Parlament und die Regierung, war gewillt, dem Schlecker-Gebaren für die Zukunft einen Riegel vorzuschieben. Im März 2010 hätte Anton Schlecker endgültig klar sein müssen, wie sehr er sich und sein Unternehmen ins Abseits manövriert hatte:

> *Es kommt nicht oft vor, dass die Kanzlerin ein deutsches Unternehmen an den Pranger stellt. Für die Drogeriemarktkette Schlecker machte Angela Merkel jedoch eine Ausnahme. Beim Landesparteitag der NRW-CDU am Wochenende holte sie tief Luft und betonte, sie werde nicht tatenlos zusehen,*

dass Firmen wie Schlecker die »Möglichkeiten der Leiharbeit derart missbrauchen, dass sie einfach die Leute entlassen, in andere Unternehmen umgruppieren und sie mit der Hälfte des Gehalts wieder einstellen«, sagte Merkel.[60]

Ein klares Indiz dafür, wie stark die Nachwirkungen für Anton Schlecker und sein Unternehmen waren, ungeachtet der Aussagen zur Beendigung von Meniar.

Versuchen wir jetzt durch einen Blick mit der Analysebrille zu sehen, wie sich der Punktestand bei den Erfolgsfaktoren darstellt.

Bei Preis, Sortiment, Lage der Geschäfte sowie Ladengestaltung und Einkaufsatmosphäre haben sich keine nennenswerten Veränderungen gegenüber der letzten Phase ergeben.

1. Erfolgsfaktor »Preis«: Es besteht weitgehend ein Gleichstand mit der Konkurrenz.
2. Erfolgsfaktor »Sortiment«: Die Konkurrenz bietet das attraktivere Sortiment. Schlecker kann hier nicht mithalten.
3. Erfolgsfaktor »Lage«: Schlecker ist mit seiner großen Filialzahl nach wie vor der am besten erreichbare Drogerieanbieter. Allerdings schließt die Konkurrenz immer weiter auf.
4. Erfolgsfaktor »Ladengestaltung und Einkaufserlebnis«: Ebenso wie beim Sortiment ist Schlecker auch hier deutlich abgeschlagen.
5. Hinzu kommt in dieser Phase aber der Erfolgsfaktor »Vertrauen«. Seine volle Wirkung wird er erst in der nachfolgenden Phase entfalten. Seine Bedeutung für die weiteren Geschehnisse ist jedoch so groß, dass er schon jetzt beginnt, die strategische Position weiter gegen Schlecker zu verschieben. Die Kunden beginnen, Schlecker zu misstrauen, während sie den Konkurrenten ihr Vertrauen entgegenbringen.

Abbildung 17 fasst die Situation zusammen. Die Konkurrenz konnte sich weiter von Schlecker absetzen. Der Punktestand lautet: Schlecker gegen Konkurrenz: 2:4.

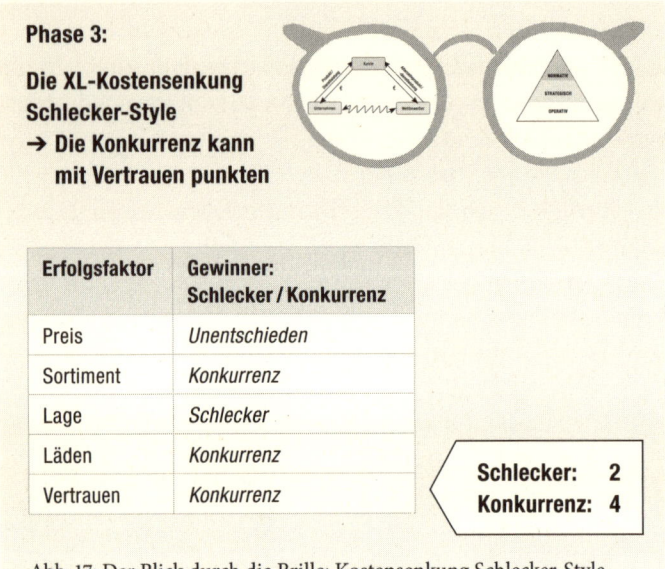

Phase 3:

Die XL-Kostensenkung Schlecker-Style
➔ Die Konkurrenz kann mit Vertrauen punkten

Erfolgsfaktor	Gewinner: Schlecker / Konkurrenz
Preis	*Unentschieden*
Sortiment	*Konkurrenz*
Lage	*Schlecker*
Läden	*Konkurrenz*
Vertrauen	*Konkurrenz*

Schlecker: 2
Konkurrenz: 4

Abb. 17: Der Blick durch die Brille: Kostensenkung Schlecker-Style

Vertrauen zurückgewinnen wäre die Devise gewesen. Das hätte wahrscheinlich auch Geld für eine großangelegte Kommunikationskampagne gekostet, um die Öffentlichkeit über die Kehrtwende zu informieren.

Aber viel schwieriger: Anton Schlecker hätte auch über seinen eigenen Schatten springen müssen. In der japanischen Kultur finden wir dieses Zeichen der tiefen Scham, wenn sich Unternehmensführer nach einem schweren Fehler vor der Öffentlichkeit verbeugen und um Verzeihung bitten. Wenige Tage später hätte Anton Schlecker sehen können, wie sich der Chef von Toyota in aller Öffentlichkeit für Bremsenprobleme an Au-

tos seines Konzerns entschuldigt. Probleme, die dem Vorstands-
chef eines der weltgrößten Automobilunternehmen in seiner
Verantwortung als Unternehmensführer, aber doch kaum als
konkretes persönliches Handeln anzulasten waren. Abbildung 18
zeigt diese bedeutsame Geste. Begleitet von seinem Vize übernimmt der Toyota-Chef Akio Toyoda die Verantwortung für
die technischen Probleme des Konzerns und bittet demütig um
Entschuldigung.

Vergleichen wir hierzu das Vorgehen von Anton Schlecker, dann
wird der »emotionale Geiz« ganz augenfällig. Ein tiefer, nach
außen sichtbarer Akt der Reue wäre notwendig gewesen, aber
er wird nie kommen.

Abb. 18: Geste der Entschuldigung durch Toyota-Chef Akio Toyoda,
Februar 2010 (Quelle: Getty Images)

VI.

LETZTES AUFGEBOT:
DAS SCHLECKER-IMPERIUM BRENNT

Was geschieht nach dem Ende des Meniar-Konzeptes? Welche Strategie verfolgte das Unternehmen im Anschluss? Welche Rolle übernahmen Lars und Meike Schlecker? Wieso hat der Plan letztlich nicht funktioniert?

Die Mitteilung des Unternehmens, das Meniar-Engagement zu beenden, leitet zur letzten Phase des Unternehmens über. Sie beginnt mit Schadensbegrenzung. Erinnern wir uns: Das Unternehmen war wie kein anderes in der bundesdeutschen Wirtschaftsgeschichte zuvor von allen gesellschaftlichen Gruppierungen auf das Schärfste kritisiert worden.

In seinem Interview gibt Anton Schlecker zwar keine Fehler im Umgang mit Mitarbeitern und Gewerkschaften zu. Er signalisiert aber eindeutig Kompromissbereitschaft. Und er greift zu einer Sprachformel, wie sie in solchen Situationen gern benutzt wird. Sie fällt in die Kategorie »bedauerliches Missverständnis«.

> **manager magazin:** *Sie beschäftigen insgesamt 52 100 Menschen. Wie viele davon haben einen Vertrag mit Meniar?*
> **Anton Schlecker:** *Es ist ein sehr geringer Anteil. Aber weil wir keinen Ärger mit den Arbeitnehmervertretern wollen, werden wir unsere Verbindungen mit Meniar beenden. In*

meinem Unternehmen gibt es Betriebsräte, und auch die Ge-
werkschaften brauchen wir, sie sind Teil unserer Gesellschaft.
Wir haben immer wieder versucht, mit ihnen ins Gespräch
zu kommen, leider will uns das nicht richtig gelingen. Mir
wäre am liebsten, wir würden endlich Ruhe in dieses Thema
bekommen.[61]

Hoch interessant wäre es gewesen, die spontane Reaktion von
Ver.di auf diese Aussagen von Anton Schlecker zu sehen. Wahrscheinlich ein Spektrum von ungläubigem Staunen bis schal-
lendem Gelächter. Man muss nicht Gewerkschaftsmitglied
sein, um aufgrund der Fülle von Belegen anzuerkennen, dass
die Firma Schlecker über viele Jahre versucht hat, Betriebsräte
und Gewerkschaften systematisch aus dem Unternehmen zu
halten. Und entsprechend der Unternehmenskultur wurde dabei auch nicht vor Druck zurückgeschreckt.[62]

Bei genauerem Lesen, wenn die erste Überraschung nachge-
lassen hat, wird deutlich, dass in Anton Schleckers Aussage eine
zweite Botschaft enthalten ist. Die Funktion von Betriebsräten
und Gewerkschaften wird für die Zukunft anerkannt. Damit
wird signalisiert, dass auf dieser Grundlage ein Gesprächsinte-
resse besteht. Übersetzt heißt das: Lasst uns an einen Tisch
kommen und sehen, wie wir das Problem der Arbeitsbedingungen einvernehmlich lösen können.

Anton Schlecker will seine Ruhe haben, und er hat erkannt,
dass er sie ohne eine Einigung mit der Gewerkschaft nicht bekommen wird. Was er an diesem Punkt nicht überschaut, ist
die begrenzte Wirkung dieser Einigung. Die Einigung mit der
Gewerkschaft stellt eine notwendige Bedingung dar, um wieder in ruhigeres Fahrwasser zu kommen, aber sie ist nicht aus-
reichend.

Die Verhandlungen zwischen Schlecker und Gewerkschaft

werden nachfolgend aufgenommen und führen schließlich zur Einigung. Die Einigung verkündet Ver.di mit der Schlagzeile: »Geschafft! Ver.di erzielt Tarifabschluss mit Schlecker«.[63] Die Gewerkschaft und Schlecker kommen nach vier Verhandlungsrunden am 1. Juni 2010 zum Abschluss. Vereinbart werden insgesamt drei Tarifverträge: ein Tarifvertrag zur Beschäftigungssicherung, ein Sozialtarifvertrag für die AS-Läden und ein Vertrag zur Tarifbindung bei Schlecker XL.

Aus der Sicht von Ver.di ist dies einer der wirklich großen Erfolge ihrer Geschichte. Ein Erfolg, der aufrichtige Anerkennung verdient. Die Betriebsräte von Schlecker in den Bezirken Fürth/Herzogenaurach und Mayen bewerben sich 2010 unter dem Projekttitel »Rote Karte für Schlecker – Erfolgreich gegen Lohndumping durch Leiharbeit« für den Preis »Deutscher Betriebsrat 2010«. Sie werden am 20. Oktober 2010 mit dem ersten Platz ausgezeichnet:

> *Am Schluss hielt es keinen mehr auf den Stühlen. Die über 100 geladenen Gäste zur Verleihung des Deutschen Betriebsräte-Preises 2010 am 20. Oktober in Bonn erhoben sich geschlossen. Was folgte, waren Standing Ovations und herzliche Glückwünsche von allen Seiten für die beiden Gold-Preis-Trägerinnen Adrijana Soldo und Marion Tesche. Sie haben mit ihrem Engagement der Drogeriemarktkette Schlecker die »Rote Karte« gezeigt.*[64]

Der Gewerkschaft war es mit Unterstützung von Medien und Öffentlichkeit gelungen, Anton Schlecker zum Einlenken zu zwingen. Das Problem war allerdings, dass es sich nicht mehr um das erfolgreiche Drogerieimperium der Glanzphase handelte. Denn die Krise hatte sich kontinuierlich verschärft. Vermutlich war kaum jemandem auf der Gewerkschaftsseite bewusst, wie geschwächt das Unternehmen des Kaufmanns Anton Schlecker inzwischen durch die Kette seiner Fehler war.

Wenden wir unseren Blick daher wieder den unmittelbaren geschäftlichen Problemen des Jahres 2010 zu. Schlecker befand sich nun seit mehreren Jahren in einer Krise. Setzen wir für einen Augenblick wieder die Analysebrille auf und erinnern uns:

Seit ca. 2003/2004 zeigten sich bei Schlecker zunehmend die Merkmale der strategischen Krise. Erkennbar wird dies am Verlust von Marktanteilen an Wettbewerber. Während bei Schlecker das Wachstum stagnierte, konnte die Konkurrenz kontinuierlich zulegen. Besonders eindrucksvoll wird dies am Vergleich gegenüber dem Konkurrenten dm, wie dies Abbildung 19 für die Zeit ab 2005 darstellt.[65] Die Kurven zeigen die Veränderung auf Indexbasis mit dem Umsatzwert 2005 = 100. Zur Vereinfachung wurde in der Grafik für dm das Geschäftsjahr mit dem Kalenderjahr gleichgesetzt.

Die Entwicklung von dm ist ausgesprochen positiv: Der Umsatz der dm-Gruppe lag im Geschäftsjahr 2004/2005 bei 3,3 Milliarden Euro und steigerte sich bis zum Ende des Geschäftsjahres 2008/2009 auf 5,2 Milliarden Euro (= Indexwert 157, d. h. ein Anstieg um 57 Prozent).

Die Entwicklung von Schlecker gestaltet sich anders: Die Schlecker-Gruppe verzeichnete für 2005 einen Umsatz von ca. 6,6 Milliarden Euro, der bis 2009 auf ca. 7,2 Milliarden Euro gesteigert werden konnte (= Indexwert 109, d. h. ein Anstieg um neun Prozent). Ein erheblicher Teil des Wachstums war dabei auf den Zukauf der Drogeriemarktkette Ihr Platz zurückzuführen (relevant ab 2008).

Kunden können ihr Geld nur einmal ausgeben. Und sie entscheiden sich zunehmend für die Konkurrenz, in diesem Fall die Drogeriekette dm. Wir können hier eine ganz einfache

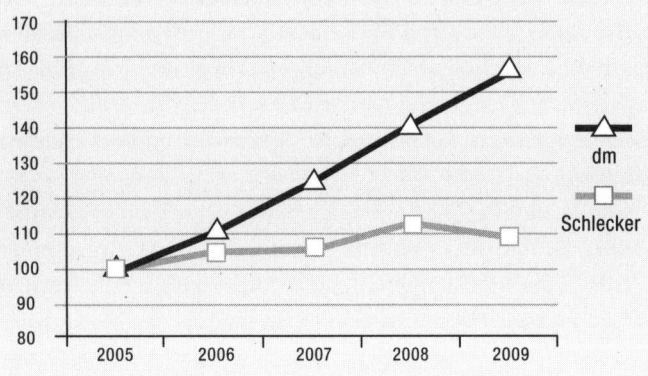

dm übertrifft Schlecker seit 2005 im Umsatzwachstum

Abb. 19: Umsatzentwicklung dm vs. Schlecker 2005–2009 (2005 = 100)
(Quelle: Alter, 2011, S. 12)

Rechnung aufmachen. In dem Betrachtungszeitraum ist dm von 3,3 Milliarden Euro auf 5,2 Milliarden Euro gewachsen, also um 1,9 Milliarden Euro. Nach den eigenen Aussagen von Anton Schlecker kauft jeder Kunde in seinen Läden für durchschnittlich sieben bis zehn Euro ein.[66] Verknüpfen wir diese Beträge mit dem Wachstum von dm, dann wird die Bedeutung der Zahl unmittelbar deutlich. Bei einem Mehrumsatz von 1,9 Milliarden Euro bei dm und zehn Euro Durchschnittseinkauf bei Schlecker haben sich in dem betreffenden Jahr die Kunden in 190 Millionen Fällen gegen Schlecker entschieden. Legen wir nur sieben Euro als Wert für einen Einkauf zugrunde, dann ist die Zahl sogar noch größer.

Aber das ist noch nicht alles. Besonders kritisch fällt die Analyse aus, wenn die Umsatzzahlen um den Kauf der Drogeriekette Ihr Platz bereinigt werden. Dann wird deutlich, dass das Unternehmen in seinen Schlecker-Läden nicht nur stagniert, sondern sogar schrumpft.

Der Marktanteil geht entsprechend kontinuierlich zurück.[67] Noch 2004 hatte Schlecker einen Anteil am deutschen Drogeriemarkt von 38,8 Prozent. Der Anteil von dm lag damals noch bei 19,0 Prozent. Das Wachstum von dm und das Stagnieren bzw. Schrumpfen von Schlecker verschob diese Anteile innerhalb von fünf Jahren dramatisch. Wird der Erwerb von Ihr Platz aus der Betrachtung herausgenommen, dann stellt sich 2009 das Bild wie folgt dar: dm steigert seinen Marktanteil von 19,0 Prozent auf 27,0 Prozent; Schlecker verliert von 38,8 Prozent auf 28,1 Prozent. Das Herausrechnen von Ihr Platz schafft ein transparentes Bild von der Erosion des Schlecker-Geschäftes.

Die Dramatik der Entwicklung liegt darin, dass diese Erosion zu einem Zeitpunkt beginnt, als die Negativwirkungen von Meniar noch gar nicht eingetreten sind. Und es gibt auch keine Anzeichen dafür, dass sich der Abwärtstrend verringert. Ganz im Gegenteil, mit Meniar beschleunigt er sich sogar.

Es scheint so, dass sich das Unternehmen vollends auf der Flugbahn nach unten befindet. Die *Wirtschaftswoche* berichtet am 05.06.2010 über »Umsatzeinbruch bei Schlecker«. Als Hauptursache wird das Negativimage des Unternehmens benannt:

> *Laut einer Analyse des Marktforschungsunternehmens GfK schlägt das ramponierte Image der Drogeriekette zusehends auf die Geschäfte durch. In den ersten vier Monaten 2010 hat Schlecker demnach in seinen deutschen Filialen drastische Umsatzverluste erlitten. Im Vergleich zum Vorjahreszeitraum brachen die Erlöse laut GfK um 16 Prozent ein, 1,7 Millionen Käuferhaushalte seien zur Konkurrenz abgewandert. »Das ist mehr als jeder zehnte bisherige Käufer von Schlecker«, schreibt GfK-Experte Wolfgang Twardawa. Das Unternehmen wollte die Zahlen nicht kommentieren. Als eine*

Ursache für den Kundenschwund sieht Twardawa Schleckers umstrittene Personalpolitik. »Die in diesen Fragen zunehmend kritischen Verbraucher bestrafen solche ethischen Fehltritte inzwischen nicht mehr nur durch zeitweilige Kaufzurückhaltung«, so Twardawa, »sondern durch dauerhaften Vertrauensentzug.«[68]

Und die strategischen Schwächen haben schon seit einiger Zeit begonnen, auch Spuren in den Zahlen zu hinterlassen. Die erkennbare strategische Krise wird mehr und mehr zu einer Ergebniskrise. Merkmale einer Ergebniskrise sind zurückgehende Gewinne oder – noch bedrohlicher – Verluste.

Dass Schlecker Verluste schreibt, sickert trotz der restriktiven Informationspolitik immer mehr durch. Wer eine letzte Bestätigung hierfür brauchte, dem lieferte sie Anton Schlecker in seinem Interview mit dem *manager magazin* im Januar 2010:

> **manager magazin:** *In Betriebsratskreisen heißt es, Schlecker habe 2007 und 2008 in Deutschland operativ rote Zahlen geschrieben. Machten Sie auch 2009 Verluste?*
> **Anton Schlecker:** *Zu den Zahlen nehme ich keine Stellung. Ich kann Ihnen aber versichern, dass wir keine Bankschulden haben. Unsere Immobilien, also die Bürogebäude, die Lager und Kaufhäuser, sind unbelastet. Nur für den Kauf von Ihr Platz mussten wir einen Kredit aufnehmen, aber der ist mittlerweile getilgt.*[69]

In einer Situation ohne Verluste hätte Anton Schlecker wohl schon die bloße Vermutung entrüstet zurückgewiesen. Es steht einem Drogeriekönig nicht an, Verluste zu erwirtschaften. Also wählt er statt eines Dementis den offensichtlich einzig verbleibenden Weg, den des »Kein Kommentar«. Im Falle positiver Geschäftsresultate wäre die typische Antwort, wie wir sie auch bei anderen Firmeninterviews antreffen: »Wir schreiben solide schwarze Zahlen.« Aber Schlecker schreibt offensichtlich rote Zahlen.

Das Unternehmen befindet sich also in einer Ergebniskrise als Folge der Strategiekrise. Wenn keine Maßnahmen eingeleitet werden, führt dies in der nächsten Stufe zur Liquiditätskrise. Die Notwendigkeit zu Maßnahmen, und zwar größeren Maßnahmen, ist natürlich auch im Hause Schlecker längst klar. Von einer Liquiditätskrise sieht sich Anton Schlecker aber noch weit entfernt. Nicht ohne Stolz verweist er in seiner Antwort ja ausdrücklich auf die solide Finanzierungsbasis.

Das Unternehmen intensiviert ab 2009 in die Restrukturierung. Spätestens zu diesem Zeitpunkt musste jedem klar sein, dass die Lage anfängt, »brenzlig« zu werden. Was sind nun typische Vorgehensweisen bei einer Restrukturierung, und was davon treffen wir bei Schlecker an?

Typischerweise finden wir neben personellen Veränderungen in den Führungsetagen drei Hebel, die bei tiefgreifenden Restrukturierungen bzw. Sanierungen eingesetzt werden:[70]

1. Reduktion des Unternehmens auf einen gesunden Kern

Das Schrumpfen auf einen gesunden Kern bedeutet das Reduzieren der Größe des Unternehmens. Zu den typischen Maßnahmen zählen die Verkleinerung der Produktpalette und das Schließen von Standorten. Dies ist dann im Regelfall mit Entlassungen verbunden.

Erfahrungen haben immer wieder gezeigt, dass sich die betreffenden Unternehmen in Feldern bewegen, die sie nicht wirtschaftlich betreiben. Dabei kann es sein, dass Fehler gemacht wurden, die sich zwar beheben lassen, allerdings nur über einen längeren Zeitraum und mit hohen Investitionen. Genau das fehlt aber in der krisenhaften Situation: Zeit und Finanzmittel.

Es gibt aber auch Geschäfte, die sich so entwickelt haben, dass die Schließung die vernünftigste Alternative ist. Wenn kein Kunde mehr Röhrenfernseher kauft, dann macht es wenig Sinn, in verbesserte Produktionsabläufe einer solchen Fabrik zu investieren. In der Praxis fasst man das unter folgender Redewendung zusammen: »Wenn ein Indianer merkt, dass er auf einem toten Pferd reitet, dann steigt er ab.«

Auch der Verkauf von Teilen des Geschäftes ist eine Maßnahme der Schrumpfung. Aber häufig fehlt die notwendige Zeit, um dies umzusetzen. Zudem sind die betreffenden Teile problembehaftet. Sie sind keine »Filetstücke«. Oftmals lohnt sich weder die eigene Sanierung noch der Verkauf. Die im Grunde schon längst überfällige Schließung ist dann die einzige Option.

2. Investitionen in Zukunft

Um auf Dauer bestehen zu können, ist es erforderlich, in Zukunft zu investieren. Eine der Krisenursachen liegt oftmals darin, dass die Investitionsmittel nicht strategisch eingesetzt wurden. Die Mittel wurden oftmals nach dem »Gießkannenprinzip« verteilt. Als Konsequenz wurde in die guten Geschäfte zu wenig und in die schlechten Geschäfte zu viel investiert. Durch das Schrumpfen auf einen gesunden Kern besteht jetzt die Möglichkeit, die Investitionsmittel gezielt und wirkungsvoll einzusetzen.

3. Sicherung der Liquidität

In der letzten Krisenphase befindet sich das Unternehmen in einer Liquiditätskrise. Daher gehört es zu den zwingend erforderlichen Maßnahmen, die Liquidität zu gewährleisten, insbesondere durch Zufuhr von neuem Kapital. Das können Eigenkapitalerhöhungen durch die Eigentümer sein, neues Fremdkapital, z. B. von Banken, aber auch erhöhte Lieferantenkredite. Gelingt es nicht, die Liquidität zu sichern, sind alle anderen Maßnahmen umsonst.

Wie schon eingangs beschrieben, kann die Krisenentwicklung mit einer Flugbahn verglichen werden. Wenn sich ein Flugzeug dem Boden gefährlich nähert, dann ertönt im Cockpit die elektronische Warnstimme: »Pull up, pull up« (dt.: Hochziehen, hochziehen). Krisengeschüttelte Unternehmen befinden sich in der gleichen Situation. Es muss ihnen gelingen, den »Steuerknüppel wieder hochzureißen«. Die zentralen Hebel dafür sind das beschriebene Schrumpfen auf einen gesunden Kern verbunden mit Investitionen in Zukunft und Sicherung der Liquidität sowie die richtige Besetzung von Schlüsselpositionen.

Wie ist nun das Vorgehen von Schlecker zu bewerten?

Anton Schlecker hat erkannt, dass eine größere Restrukturierung des Geschäftsmodells notwendig ist. Beginnend ab 2009 entstehen daher die XL-Läden. Von ihnen werden im Jahr 2009 bereits 300 eröffnet und dafür ca. 1 000 der kleineren Filialen geschlossen.[71] Diese Strategie setzt sich dann auch in der Zukunft fort. Als Teil des Konsolidierens zieht sich Schlecker im Jahr 2010 aus den Niederlanden und Belgien zurück. Schlecker kombiniert damit insgesamt den ersten Hebel (»Schrumpfung«) mit dem zweiten Hebel (»Zukunftsinvestition«).

Das Thema Liquiditätssicherung scheint zu Beginn des Jahres 2010 noch keine Rolle zu spielen. So betont Anton Schlecker im Interview mit dem *manager magazin* ausdrücklich die solide Finanzierungsbasis.

Was die Besetzung der Schlüsselpositionen angeht, betrifft dies vor allem die Frage, ob Anton Schlecker im Zuge der Restrukturierung seine Führungsrolle abgibt. Den Gedanken, sich in den Ruhestand zu begeben, weist er jedoch entschieden zurück.[72] Zur grundsätzlichen Nachfolgeregelung und der Position von Lars und Meike Schlecker im Unternehmen erhält man noch im Sommer 2010 auf der Homepage des Unternehmens folgende Information:

> *Schlecker wird auch zukünftig als unabhängiges Familienunternehmen geführt. Die Unternehmensnachfolge ist geklärt: Meike und Lars Schlecker werden die Geschäfte weiterführen. Beide werden von ihren Eltern erfolgreich in die Geschäftsabläufe integriert und in die Firmenleitung eingebunden.*[73]

Es scheint Anton Schlecker aber im Laufe des Jahres 2010 deutlich geworden zu sein, dass noch mehr erforderlich ist, als »Einbindung in die Firmenleitung«, um das Unternehmen wieder in altem Glanz erstrahlen zu lassen. So entschließt er sich, einen weiteren, bislang ungenutzten Hebel zu verwenden: Lars und Meike Schlecker übernehmen Führungsaufgaben auf erster Ebene.

Erinnern wir uns: Das Unternehmen befindet sich im Eigentum von Anton Schlecker, er ist der »eingetragene Kaufmann«. Bislang galt, dass er Eigentümer und oberste Führungskraft des

Unternehmens in einer Person ist. Seine erste Funktion wird er beibehalten, seine zweite wird er teilen. Faktisch hat seine Frau Christa, wie wir am Beispiel der Strategieentwicklung gesehen haben, seit jeher wichtigen Einfluss genommen, aber jetzt ist die Führung anders aufzuteilen. Es kündigt sich der Übergang von einer Generation auf die nächste an.

Wie viel er im Einzelnen von seiner Entscheidungsmacht wirklich abgibt, lässt sich nicht mit Bestimmtheit sagen. Vieles deutet darauf hin, dass der Schlecker-Clan ähnlich einem Vorstand handelte, mit Anton Schlecker an der Spitze. Lars und Meike Schlecker sollen dem Unternehmen jetzt vor allem auch ein Gesicht geben.

Was sie im Sinne der Restrukturierungshebel forcieren, sind Investitionen in die Zukunft. Dazu gehört auch das Überarbeiten des bisherigen Ladenkonzeptes, das immer noch nicht an die Konkurrenz heranreicht. Das Ganze wird kombiniert mit einem neuen Slogan »Schlecker: Vor You. Vor Ort.«, der sich an die Kunden wendet. Nach innen wird das Programm »Fit for Future« gestartet.

Wenn die genutzten Hebel und die eingeleiteten Maßnahmen prinzipiell in die richtige Richtung gingen, wieso kam es dann doch zu der Insolvenz? Die wesentlichen Fehler können drei Hauptfeldern zugeordnet werden, die in enger Verbindung miteinander stehen:

1. Qualität der Geschäftsstrategie
2. Festhalten an Selbständigkeit
3. Unzureichendes Change-Management

Die Fehler sind in dieser letzten Phase besonders klar zu erkennen. Die Ursachen reichen allerdings zumeist deutlich weiter zurück, wie die vorhergehenden Kapitel gezeigt haben.

1. Qualität der Geschäftsstrategie

Was wir in dieser letzten Phase beobachten können, ist der Versuch von Schlecker, eine neue Strategie einzuführen. Der Erfolg basiert dabei auf zwei Elementen: der Qualität der Strategie und der Qualität der Umsetzung.

Beide Komponenten sind bestimmende Größen für eine letztlich erfolgreiche Strategie. Die erfolgreiche Strategie resultiert dabei aus der Verknüpfung dieser beiden Komponenten, und zwar vom Prinzip her durch eine Multiplikation[74]:

$$\textbf{Qualität der Strategie} \times \textbf{Qualität der Umsetzung}$$
$$= \textbf{Erfolgreiche Strategie}$$

Was das bedeutet, lässt sich einfach an einem Zahlenbeispiel beschreiben. Die erfolgreiche Strategie hat am Ende 100 Punkte. Diese können aber nur erreicht werden, wenn die Qualität der Strategie optimal (= 10 Punkte) und die Qualität ihrer Umsetzung optimal sind (= 10 Punkte). Erst dann ergeben sich $10 \times 10 = 100$ Punkte. Wenn die Qualität einer Strategie also hervorragend ist und damit 10 Punkte hat, aber die Umsetzung äußerst schlecht erfolgt (»0«), dann werden im Resultat auch nur 0 Punkte erreicht. Ebenso im umgekehrten Fall: Hier führt die hervorragende Umsetzung (»10«) einer falschen Strategie (»0«) letztlich auch nur zum Ergebnis von 0 Punkten. Diese Verknüpfung ist noch einmal in Abbildung 20 dargestellt.

Wieso das für den Schlecker-Fall von besonderer Bedeutung ist, zeigt ein Blick auf den Konkurrenten dm. Der Erfolg der dm-Kette erklärt sich aus einer guten Verbindung der beiden Komponenten. Der eingeschlagene Weg hinsichtlich Preisen, Sortiment und Läden hat sich als richtig erwiesen und wird

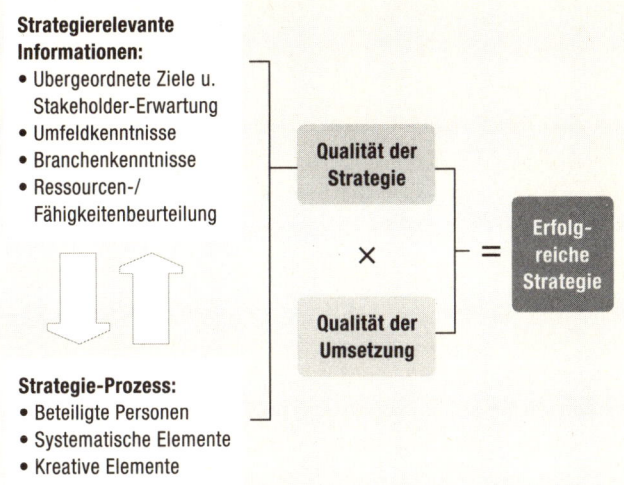

Strategie- und Umsetzungsqualität bestimmen den Strategieerfolg

Strategierelevante Informationen:
- Übergeordnete Ziele u. Stakeholder-Erwartung
- Umfeldkenntnisse
- Branchenkenntnisse
- Ressourcen-/ Fähigkeitsbeurteilung

Qualität der Strategie

$\times$

Qualität der Umsetzung

$=$

Erfolgreiche Strategie

Strategie-Prozess:
- Beteiligte Personen
- Systematische Elemente
- Kreative Elemente

Abb. 20: Einflussfaktoren einer erfolgreichen Strategie
(Quelle: Alter, 2011, S. 22)

jetzt konsequent weiter verfolgt. Dabei kann das Unternehmen in der Umsetzung auf vielfältige Wiederholungseffekte zurückgreifen. Die dm-Kette kann sich voll auf den Betrieb der laufenden Filialen und die Eröffnung neuer Geschäfte nach bewährtem Schema konzentrieren. Es müssen im Gegensatz zu Schlecker keine Läden geschlossen werden, was wichtige Management-Zeit und weitere Ressourcen kostet.

Ganz anders stellen sich die Herausforderungen für den Schlecker-Clan dar. Und bei näherem Hinsehen stellen wir fest, dass schon erhebliche Fragezeichen bei der Qualität der Strategie auftreten. Es besteht ein strategischer Widerspruch im Slogan »For You. Vor Ort.«.

Der Schlecker-Clan ist bis zum Ende fest davon überzeugt, dass die flächenhafte Abdeckung mit Läden den entscheidenden Erfolgsfaktor darstellt. Genau das versuchen Lars und Meike Schlecker auch mit ihren Aussagen zum Modell des Nachbarschaftsladens zu kommunizieren.

> *manager magazin: Neben einer neuen Kommunikationsstrategie wollen Sie auch Ihre Läden von Grund auf renovieren. Sie sollen heller, frischer und übersichtlicher werden – so wie die Läden von dm und Rossmann schon lange sind. Wie wollen Sie sich denn von diesen Wettbewerbern dann noch differenzieren?*
>
> *Lars Schlecker: Wir haben einen großen Wettbewerbsvorteil gegenüber dm und Rossmann: Wir sind überall und haben dadurch die Nähe zu den Kunden. Unser Filialnetz ist doppelt so groß wie das all unserer Wettbewerber zusammen. Wir wollen uns als guter Nachbar positionieren, bei dem man auch mal länger bleibt und ein bisschen tratscht.*
>
> *Meike Schlecker: Diesen Vorteil des Nachbarschaftsladens werden wir in Zukunft wieder stärker ausspielen. Wir werden Attraktivität und Sympathie durch das neue Konzept in die Läden bringen. Denn wir wollen die Kunden, die wir verloren haben, wieder zurückholen und unseren loyalen Kunden wieder mehr bieten*[75]

Das alles klingt sehr nach der Philosophie aus den Glanzzeiten: »Alle drei Kilometer ein Schlecker-Laden«.[76] Und Lars Schlecker wird dies in einem anderen Gespräch sogar noch einmal betonen, wenn er davon spricht, dass die Kunden gewissermaßen mit den Badelatschen in das Geschäft kommen können, eben ein Nachbarschaftsladen.[77] Die räumliche Nähe zum Kunden hört sich im ersten Moment sehr überzeugend an, aber bei näherer Betrachtung relativiert sich dieser Vorteil sehr schnell.

Denn entscheidend ist nicht die objektive Entfernung eines Ladens, sondern die subjektive Einschätzung der Konsumenten, ob ein Laden erreichbar ist. Dabei spielt es keine Rolle, ob die Verbraucher zu Fuß gehen, mit dem Pkw oder einem anderen Verkehrsmittel unterwegs sind. In diesem Punkt zeigt die Analyse von KPMG ganz eindeutig, dass 2006 schon 60 Prozent der Befragten einen dm-Laden und sogar 71 Prozent einen Rossmann-Laden erreichen konnten. Mit der weiteren Expansion von dm und Rossmann würde sich der Vorsprung von Schlecker zwangsläufig weiter reduzieren.

Die Inkonsequenz der Schlecker-Strategie besteht nun darin, dass auf der einen Seite mit »Vor You. Vor Ort.« suggeriert wird, dass im Prinzip weiterhin gilt: »Alle drei Kilometer ein Schlecker-Laden«. Auf der anderen Seite müssen Läden geschlossen werden, damit sich die bisherigen Schlecker-Läden und die neuen XL-Läden nicht kannibalisieren. Und genau das, das Schließen von Nachbarschaftsläden, geschieht auch im großen Maßstab. Damit Schlecker auf mittlere Sicht eine Chance hat, bei Preis, Sortiment und Läden wieder wettbewerbsfähig zu sein, muss das Unternehmen den Geschäftsmodellen der Hauptwettbewerber folgen. Und das heißt, größere Läden und damit aber auch weniger Läden als bisher.

Der Slogan »For You. Vor Ort.« steht somit zunehmend im Widerspruch zu den zwingend notwendigen Ladenkonzentrationen.[78] Wie weit der Slogan und das Notwendige auseinander liegen, das wird später der Sanierungsplan des Insolvenzverwalters zeigen.

In diesem Zusammenhang muss das immer wieder beschworene »Nachbarschaftskonzept« grundlegend in Frage gestellt werden. Damit Schlecker zu einer deutlichen Verbesserung seiner Kostenposition kommt, müssen die Umsätze pro Quadratmeter erheblich steigen. Abbildung 21 verdeutlicht den enormen Rückstand, der 2010 bei den Quadratmeterumsätzen bestand. An der Spitze steht dm mit einem Durchschnittswert von 6.500 Euro pro Quadratmeter, während Schlecker mit 2.200 Euro nur rund ein Drittel dieses Wertes erreicht. Hier wird eine der zentralen Ursachen für die schlechte Kostenposition von Schlecker unmittelbar ersichtlich: Die Personalkosten eines Marktes sind auf niedrige Quadratmeterumsätze zu verteilen. In der Konsequenz ergeben sich daraus hohe Personalkosten für jeden Euro an Umsatz. Anders sieht dies für die Wettbewerber aus, da sie ihre Personalkosten auf hohe Umsätze pro Quadratmeter verteilen können und damit einen Kostenvorsprung erzielen. Anton Schlecker kommt aus der Welt

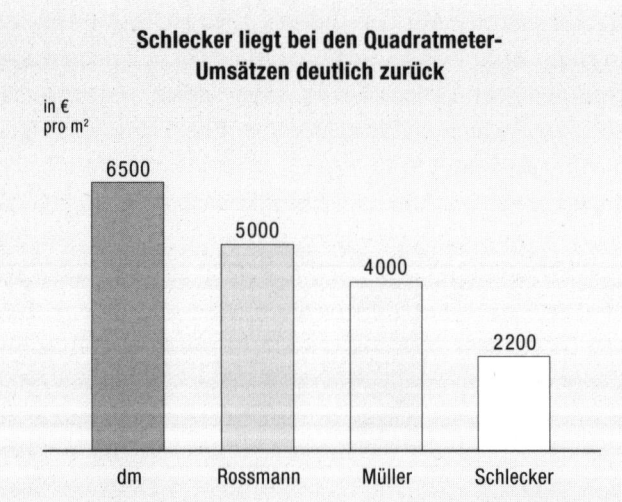

Abb. 21: Umsätze pro Quadratmeter im Jahr 2010 (Quelle: Wieking, 2012; auf Basis EHI Retail Institute, Lebensmittelzeitung)

von Kostensenkung 1.0: niedrige Löhne für die Verkäuferinnen. Die Wettbewerber betreiben schon lange Kostensenkung 2.0: niedrige Kosten pro Umsatz-Euro.

Die hohen Umsätze pro Quadratmeter verschaffen den Wettbewerbern dm und Rossmann die Kostenflexibilität, die sie im Angriff auf Schlecker einsetzen. Die erforderliche kritische Masse im Einkaufsvolumen haben sie durch ihre Filialzahl schon lange erreicht und expandieren jetzt systematisch weiter.

Wie generieren die Wettbewerber diese hohen Quadratmeterumsätze? Ihnen stehen zwei prinzipielle Hebel zur Verfügung: Kundenfrequenz, also Anzahl der Kunden, und Höhe des Durchschnittseinkaufs (»Bon«).

Im direkten Vergleich zu Schlecker dürfte in der Regel die Kundenfrequenz das mächtigere Instrument sein. Und speziell die Kette dm nutzt diesen Hebel besonders zielstrebig. Die dm-Läden folgen in ihrer lokalen Positionierung sehr deutlich dem Kriterium »hohe Kundenfrequenz«. Um diese zu nutzen, konzentriert dm seine Läden bevorzugt auf drei Standortklassen: 1. Fußgängerzonen, 2. Einkaufszentren und 3. Umfeld von Lebensmitteldiscountern.

Fußgängerzonen zählen zu den klassischen Standorten für Einzelhandelsgeschäfte. Wir finden hier in den bevorzugten Lagen oftmals dm-Läden, aber nur vergleichsweise selten eine Schlecker-Filiale. Die Ladenmieten in diesen A-Lagen sind entsprechend hoch, was Schlecker wohl bewogen hat, sich zumeist mit kostengünstigeren Lagen zu begnügen. Das Problem ist nur, dass der Begriff A-Lage auch übersetzt werden kann mit »hohe Kundenfrequenz«. Und dm nutzt diese Kundenfrequenz so geschickt, dass sie in besonders hohen Umsätzen resultiert. Diese hohen Umsätze wiederum bilden dann die Grundlage des wirtschaftlichen Erfolgs.

Ähnlich gilt dies für die Einkaufszentren, wo dm ebenfalls

überdurchschnittlich vertreten ist. Dies lässt sich an einer Auswertung der Einkaufszentren des Marktführers ECE, Hamburg, belegen. Das Unternehmen führt in seiner Liste insgesamt 96 Einkaufszentren in Deutschland.[79] Je Einkaufszentrum lässt sich über die betreffende Homepage nachvollziehen, welche Läden vertreten sind (vgl. Abb. 22).

Es zeigt sich, dass die Parfümeriekette Douglas eine sehr hohe Abdeckung aufweist. Sie ist in 82 der 96 Einkaufszentren vertreten. Auf dem zweiten Platz der betrachteten Unternehmen folgt schon dm mit 63 Läden. Somit ist dm in zwei Drittel aller Einkaufszentren vertreten. Auch hier folgt Schlecker erst mit weitem Abstand: Das Unternehmen ist in nur 13 der 96 Einkaufszentren anzutreffen. Vergleichen wir dm und Schlecker direkt, also 63 zu 13, dann wird deutlich, dass dm über rund fünfmal so viele Läden in ECE-Einkaufszentren verfügt. Letztlich hat Schlecker somit auch hier das Feld an dm abgegeben.

In der dritten Standortklasse finden wir dm häufig in unmittelbarer Nähe zu Lebensmitteldiscountern oder anderen Fachmärkten. In Anlehnung an die Natur kann hier von einer Symbiose-Strategie gesprochen werden. Bei einer Symbiose-Strategie kommt es zu einer positiven Wirkung von mindestens einer der beiden Seiten auf die andere. Im konkreten Fall wird von der dm-Kette bewusst ein Standort in unmittelbarer Nähe zu einem anderen Filialisten mit hoher Kundenfrequenz gesucht. Häufig sind dm-Märkte damit in der Nähe von Aldi- und Lidl-Märkten anzutreffen.

Abbildung 23 zeigt das Beispiel eines dm-Marktes, der in Blieskastel, Saarland, neben einem Aldi-Markt angesiedelt wurde. Hier bestand der Aldi-Markt bereits und der dm-Markt wurde zusätzlich errichtet, um von dessen Kundenfrequenz zu profitieren. Die Symbiose-Strategie scheint jedoch auch positi-

**Die Hauptkonkurrenten sind auch stärker
in den ECE-Centern vertreten**

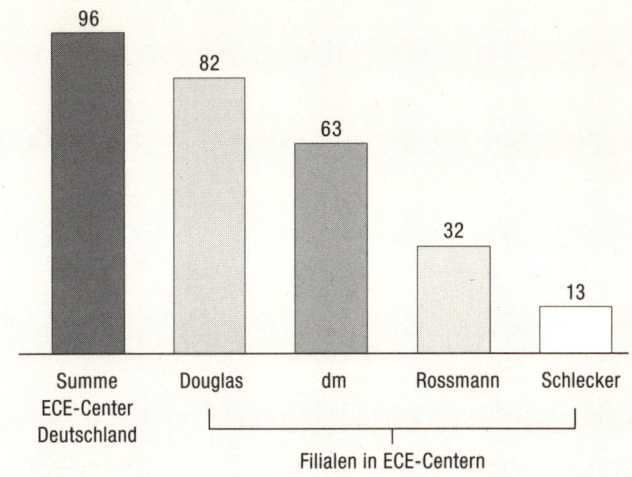

Abb. 22: Präsenz von Drogerieanbietern in ECE-Einkaufszentren
(Stand: April 2012) (Quelle: Auswertung aus den Angaben der
ECE-Einkaufszentren zu den jeweils vorhandenen Läden; ECE 2012.
Schlecker einschließlich Ihr Platz und drospa).

ve Wirkungen für die betreffenden Lebensmitteldiscounter zu
entwickeln. So werden neue Standorte oftmals schon von Beginn an für eine Kombination aus Lebensmitteldiscounter und
Drogeriemarkt entwickelt und zeigen nachfolgend gemeinsam
eine positive Entwicklung.[80]

Hervorzuheben ist, dass die Recherchen für dieses Buch eine
Vielzahl solcher »Symbiose-Standorte« identifizierten. Die Tendenz scheint ungebrochen zu sein. Beachtlich ist insbesondere,
dass die betreffenden Standorte sich durchaus auch im länd-
lichen Bereich befinden, womit Schlecker selbst hier attackiert
wird.[81]

Abb. 23: Ankündigung eines neuen dm-Marktes neben einem Aldi-Markt in Blieskastel, Saarland (Quelle: AFP, 2012)

Zusammenfassend ist festzustellen, dass sich bei Schlecker und dm zwei Geschäftsmodelle gegenüberstehen. Zugespitzt lassen sich diese Geschäftsmodelle wie folgt charakterisieren:

dm: Fokus auf hohe Quadratmeterumsätze durch attraktives Sortiment an Standorten mit hoher Kundenfrequenz.
Schlecker: Fokus auf hohen Unternehmensumsatz durch große Anzahl von Geschäften mit lokaler Kundennähe (»For You. Vor Ort.«).

Die Qualität der Schlecker-Strategie ist insgesamt sehr kritisch zu beurteilen. Die Anzahl der Ladenschließungen allein bis Ende 2011 zeigt, dass der Anspruch des Nachbarschaftskonzepts nicht mehr voll erfüllt werden kann. Andererseits gehen die vorgesehenen Schritte aber noch nicht weit genug, um dauerhaft gegen dm bestehen zu können. Der erste Fehler von Schlecker liegt damit schon in der Qualität der Strategie. Die Qualität der Schlecker-Strategie ist der Qualität der dm-Strategie, und hier im Speziellen dem Geschäftsmodell, unterlegen.

Nach der Insolvenz wird auch kritisiert werden, dass Schlecker an seiner übermäßigen Expansion gescheitert sei. Diese Ansicht kann hier nicht geteilt werden. Das Problem war nicht die Expansion als solche, es war die Expansion mit dem falschen Geschäftsmodell. Das Beispiel des Konkurrenten dm beweist, dass mit dem richtigen Geschäftsmodell eine langfristig andauernde Expansion möglich ist, und zwar sehr erfolgreich.

2. Festhalten an Selbständigkeit

Als weiterer Fehler ist das starre Festhalten an der Selbständigkeit des Unternehmens anzusehen. Die Frage nach der Selbständigkeit taucht ebenfalls im Interview mit Lars und Meike Schlecker Ende 2010 auf. Und hier bezieht Lars Schlecker klar Position:

> *manager magazin: Das klingt nach einem klaren Bekenntnis zum Familienunternehmen. Es wird also keinen Verkauf oder Teilverkauf geben?*
> *Lars Schlecker: Auf gar keinen Fall. Wir sind froh über unsere Eigenständigkeit ohne irgendeine Mitsprache von Investoren oder Anteilseignern. Diese Selbständigkeit ist ein Gut, das wir uns nicht nehmen lassen.*[82]

Seine Antwort ist aus der Sicht einer stolzen Unternehmerfamilie verständlich. Aber die Zeit ist nicht mehr wie früher. In der Unternehmenspraxis gibt es die Redewendung: »Ergebnis macht frei.« Und genau hier zeigt sich das Problem. Das Unternehmen von Anton Schlecker schreibt seit geraumer Zeit Verluste. Das Unternehmen befindet sich in einer Ergebniskrise mit klarer Tendenz zur Liquiditätskrise. Dies würde schon bei einem Unternehmen mit Finanzbedarf nur für Normalinvestitionen eine kritische Situation signalisieren. Aber bei Schlecker stellt sich das Problem noch deutlich schwieriger dar. Das Unternehmen muss genau in dieser Schwächeperiode das größte Umbauprogramm seiner Firmengeschichte durchführen.

Es drängt sich der Eindruck auf, dass die Frage der Selbständigkeit zu einer massiven Einschränkung bei der Suche nach Handlungsoptionen führte, ja, führen musste.

Was ist damit gemeint? Aus Sicht der Strategieentwicklung sollte beim Vorgehen zwischen zwei Ebenen unterschieden werden. Die eine Ebene ist die Strategieebene. Die andere Ebene ist die des Gesamtunternehmens.[83]

Auf der Strategieebene soll die bestmögliche Lösung für ein strategisches Problem gefunden werden. Im Falle von Schlecker wäre das strategische Problem die Frage gewesen, wie die Angriffe von dm und Rossmann abgewehrt werden können und das Unternehmen wieder selbst die Initiative übernimmt. Auf dieser Strategieebene muss es darum gehen, möglichst wenige Einschränkungen vorzunehmen, da dies Einfluss auf die Qualität der Strategie hat. Im Speziellen ist es nicht sinnvoll, gleich zu Beginn mit finanziellen Vorgaben zu arbeiten (»Darf auf keinen Fall mehr kosten als …«).

Auf der Ebene des Gesamtunternehmens laufen dann die verschiedenen Strategien zusammen, da häufig mehrere Strategieprojekte parallel zu bearbeiten sind. Erst auf dieser Ebene sollte schließlich der Abgleich durchgeführt werden, was z. B. die Finanzierbarkeit angeht. Dem Schlecker-Clan ist offensichtlich schon 2010 bewusst, dass er spät, ganz offensichtlich sehr spät, mit diesem riesigen Umbauprogramm des Unternehmens begonnen hat. Hinzu kommt dass, das Ladenkonzept überarbeitet werden muss. Mit einem spezialisierten Ladenbauer wird ein neues Design entwickelt. Das alles kostet Geld und Zeit.

Genau diesen Punkt spricht auch die *Frankfurter Allgemeine Zeitung* in einem Interview mit Lars Schlecker im Juni 2011 an, als nach den Fortschritten bei den neuen Läden gefragt wird:

> *FAZ: All dies kann man erst in 60 von 8 300 Schlecker-Filialen erleben. Wieso geht es so langsam?*
> *Lars Schlecker: Wir sind mit dem Programm voll im Plan. In diesem Jahr werden wir 250 bis 400 Filialen umstellen. Wenn das neue System erst eingespielt ist, bauen wir im Jahr 1500 Filialen um.«*[84]

Wer spät aus den Startblöcken losläuft, muss dann eben besonders schnell laufen, um zuerst am Ziel anzukommen. Und das hätte ein deutlich schnelleres und damit auch erheblich teureres Modernisierungsprogramm erfordert. Ein Programm, das als selbständiges Unternehmen dann kaum finanzierbar gewesen wäre. Schon frühzeitig hätte das Unternehmen energisch beginnen müssen, weitere umfangreiche Finanzierungsquellen zu erschließen. Wegen der zunehmend angespannten Finanzsituation wäre das vermutlich auf einen Finanzinvestor oder eine international agierende Handelsgruppe hinausgelaufen. Aber wie so häufig scheint man bei Schlecker nicht zu erkennen, wie sich die Handlungsfenster schließen. Denn mit dem Fortschreiten der Krise läuft die Zeit eindeutig gegen das Unternehmen.

Der Konzernabschluss des Unternehmens für das Jahr 2010 wurde am 14. Februar 2012 im *Bundesanzeiger* veröffentlicht, also wenige Wochen nach dem Insolvenzantrag.[85] Der darin enthaltene Konzernlagebericht trägt den Vermerk »Ehingen, im Juli 2011«. Was diesen Konzernlagebericht interessant macht, ist die Deutlichkeit, mit der die Liquiditätskrise zu erkennen ist. Der Konzernlagebericht für 2009 ist dagegen noch sehr allgemein gehalten und vermittelt kaum nennenswerte Informationen.[86] Liquiditätsprobleme werden nicht erwähnt und scheinen 2009 offensichtlich noch nicht vorhanden zu sein.

Das Bild ändert sich von 2009 auf 2010 dann drastisch. Das Unternehmen ist jetzt in der Liquiditätskrise. Im Lagebericht des Jahres 2010, der auch das erste Halbjahr 2011 berücksichtigt, ist klar zu erkennen, wie der Einzelkaufmann Anton Schlecker versucht, die Liquiditätsprobleme in den Griff zu bekommen. Es bestehen zum Jahresende 2010 zwar noch Guthaben bei Kreditinstituten von 134 Millionen Euro, aber Liquiditätsengpässe müssen bereits sehr deutlich erkennbar sein. Denn Anton Schlecker sucht jetzt das Gespräch mit den Banken. Die Situation ist zunehmend angespannt:

Lage

[...] Die negative Geschäftsentwicklung sowie die gleichzeitig hohen Restrukturierungskosten wirken sich negativ auf die Liquidität aus. Daher wurden Ende 2010 Gespräche mit Banken über die Zusage weiterer, insbesondere langfristiger Kreditlinien, aufgenommen, um die Liquiditätssituation dauerhaft zu entspannen. [...]

Die Liquiditätsentwicklung steht im Focus von Schlecker und der Unternehmenserfolg hängt maßgeblich an der erfolgreichen Umsetzung des »Fit for Future«-Projekts und dem Eintritt der unterstellten Prämissen. [...].

Vorgänge von besonderer Bedeutung
Zur weiteren Stützung der Liquidität und zur beschleunigten
Umsetzung der Strategie führte der Einzelkaufmann dem
Unternehmen im April 2011 eine Privateinlage zu. Es ist ge-
plant, die Liquiditätssituation zudem durch Bestandsabbau
und -optimierung sowie den Verkauf nicht betriebsnotwendi-
ger Vermögenswerte weiter zu stärken.[87]

Mit dem Verlauf des Jahres 2011 schließt sich letztlich das Fenster für eine Investorensuche durch Anton Schlecker. Im Jahr
2012 wird genau diese Aufgabe, die Suche nach einem Investor,
durch den Insolvenzverwalter übernommen.

3. Unzureichendes Change-Management

Das dritte Problemfeld betrifft unzureichendes Change-Management. Lars und Meike Schlecker haben deutlich erkannt,
dass erhebliche Veränderungen erforderlich sind, sowohl nach
innen als auch nach außen. Und in den Interviews, die sie geben, signalisieren sie ganz deutlich, dass sie sich dieser Heraus-
forderung stellen.[88] Sie sind, wie es in der Fachsprache heißt,
»Promotoren des Wandels«.[89]

Anders als ihr Vater geben sie auch zu, dass das Unternehmen ein Imageproblem hat, und zwar kein abstraktes, sondern
eines, das sich deutlich in den Zahlen niederschlägt:

> *manager magazin: Die Consultants werden Ihnen sicher*
> *schonungslos gesagt haben, dass Schlecker in den vergange-*
> *nen Jahren einen großen Imageverlust erlitten hat. Ihr Vater*
> *hat immer bestritten, dass es einen Zusammenhang zwischen*
> *dem schlechten Ruf und dem Umsatzminus gäbe. Sehen Sie*
> *das auch so?*

Lars Schlecker: Über Monate hinweg am Pranger zu stehen muss Auswirkungen auf den Umsatz haben. Ich weiß aus eigener Erfahrung: Wenn man im Freundeskreis Schlecker erwähnt, kommen häufig negative Assoziationen. Vieles wurde auf meinen Vater projiziert. Aber ich muss deutlich sagen: Er ist ein Geschäftsmann, kein Unmensch.

Meike Schlecker: Wir haben sicherlich zu lange abgewartet und auf uns einprügeln lassen. Längst nicht alle Vorwürfe waren gerechtfertigt. Wir haben ja auch positive Dinge gemacht, wie zum Beispiel unseren neuen Tarifvertrag, der richtungweisend im deutschen Einzelhandel ist. Und auch vom Thema Leiharbeit haben wir uns komplett getrennt. Wir werden unser Image verbessern. Wir wollen nicht mehr die großen Unbekannten sein, bei denen die Leute fragen: Was machen die hinter ihren verschlossenen Türen? [...][90]

Um diese und andere Themen im Unternehmen anzugehen, wird das Programm »Fit for Future« ins Leben gerufen. Der Titel dürfte für die Mehrzahl der Belegschaft alles andere als selbsterklärend gewesen sein. Es wäre wohl einfacher gewesen, das zu sagen, worum es eigentlich gehen musste: »Schlecker Neu«. Ein Programmname wie »Fit for Future« klingt eher nach einem Fitnessprogramm, um die Kondition für einen Wettbewerb in der Zukunft zu verbessern. Aber das Unternehmen stand unmittelbar vor einem Überlebenskampf, wie noch nie in seiner bisherigen Geschichte. Es hätte sich von allem trennen müssen, was es in die bisherige Situation gebracht hatte, um dauerhaft überleben zu können. Und das hätte ein anderes Herangehen erfordert. Ein Herangehen, das deutlich radikaler hätte sein müssen.

»Fit for Future«, die Stoßrichtung des Programmes, packt zwar längst überfällige Dinge an, wie z. B. Führungsgrundsätze und eine entsprechende Führungskräfteschulung oder die zu lange vernachlässigte Kommunikation.[91] Was aber dieses Programm nicht adressiert, ist ein Problem, das auf einer anderen Ebene liegt. Es ist die Personalie von Anton Schlecker und sein Einfluss auf das Unternehmen.

Ein glaubwürdiges »Schlecker Neu«, ein wirkliches Change-Management, hätte den vollständigen Rückzug von Anton Schlecker erfordert: Das Ausscheiden des Kaufmanns Anton Schlecker als Geschäftsführer, das Stoppen der wöchentlichen Touren mit seiner Frau zu den Schlecker-Läden vor Ort, der Schritt in den Ruhestand und kein Regieren aus dem Schatten. Das wären die Zeichen einer radikalen Veränderung gewesen.

Aber davon kann keine Rede sein. Wenn auf der Homepage von Schlecker über »Fit for Future« gesprochen wird, dann vermittelt das den Eindruck, als würde nach wie vor nichts ohne den Segen von Anton Schlecker und seiner Frau geschehen:

> Hinter diesem Konzept [Ladenprogramm] und auch dem »Fit for Future«-Programm steht die gesamte Familie Schlecker. Denn das Programm ist von Christa und Anton Schlecker gemeinsam mit ihren Kindern Meike und Lars erarbeitet und abgestimmt worden.[92]

Der Rückzug von Anton Schlecker und seiner Frau Christa wäre grundlegend für ein glaubwürdiges Change-Management gewesen. Es hätte Lars und Meike Schlecker gemeinsam mit einem Investor (vielleicht noch) ermöglicht, das Unternehmen zu retten. Aber es geschieht nicht. Und so sind letztlich alle Bemühungen umsonst. Es gelingt nicht, das Vertrauen zurückzugewinnen.

Hier gilt die Aussage von Investorenlegende Warren Buffett: »It takes 20 years to build a reputation and five minutes to ruin it.« (dt.: »Es braucht 20 Jahre, um eine Reputation aufzubauen und fünf Minuten, um sie zu zerstören.«)[93]

Das Problem ist sogar noch gravierender. Schlecker hat eben nicht kontinuierlich an einer guten Reputation gearbeitet, sondern im Gegenteil über einen langen Zeitraum eine schlechte Reputation aufgebaut. Reputation, ein gutes Image, das sind Begriffe, die in unmittelbarer Beziehung zu Vertrauen stehen. Was aber ist Vertrauen eigentlich, wie wird es erworben?

Vertrauen dient dazu, die Komplexität im Zusammenleben von Menschen zu verringern. Das zentrale Merkmal von Vertrauen ist die freiwillige Erbringung einer riskanten Vorleistung. Eine Person begibt sich in ein Risiko und verzichtet auf mögliche Schutzmaßnahmen, und zwar in der Überzeugung, dass diese Situation der prinzipiellen Schwäche nicht ausgenutzt wird. Zu den typischen Situationen im zwischenmenschlichen Bereich zählt das Anvertrauen einer sehr persönlichen Information. Bei besonders großem Vertrauen sprechen wir auch davon, jemandem »blind zu vertrauen«.

Vertrauen wird bildlich auch als ein Konto beschrieben, auf das durch entsprechende Handlungen einzuzahlen ist. Wenn besonderer Bedarf an Vertrauen besteht, dann kann von diesem »Vertrauenskonto« abgehoben werden. Schwierig gestaltet es sich in der Tat, wenn das Vertrauenskonto auf null steht oder sogar überzogen ist und ein »Vertrauensvorschuss« angefragt wird. Ein Aspekt, der auch häufig bei Problemen in zwischenmenschlichen Beziehungen eine Rolle spielt.

Eine Person, die Vertrauen gewährt, befindet sich somit in einer Situation der Verletzbarkeit, sei es materiell oder immateriell.[94] Entsprechend kann Vertrauen auch auf unterschiedliche Weise aufgebaut werden.

Bei Produkten bildet sich Vertrauen dadurch, dass wir auch nach dem x-ten Kauf genau die versprochene Qualität erhalten haben. Der Begriff des Markenartikels kann in gewisser Hinsicht auch mit »Vertrauensprodukt« übersetzt werden. Genau aus diesem Grund achten Markenartikelhersteller peinlich genau darauf, jede ungewünschte Abweichung zu vermeiden.

Vertrauen im Hinblick auf Menschen und Unternehmen wird vor allem durch Klarheit und Berechenbarkeit aufgebaut, verkürzt: Stimmen die Worte und die Taten überein? In den USA spricht man auch von »Walk the Talk«. Bei den Worten, dem »Talk«, geht es um die Klarheit in den Aussagen: Wofür steht dieser Mensch, dieses Unternehmen? Was sind die Ziele? Es sind diese Botschaften, die wir mit unseren persönlichen Wertvorstellungen und persönlichen Zielen erst einmal abgleichen. Wir können die Botschaften aus unserer Sicht dann als positiv empfinden oder an sich schon ablehnen. Entscheidend ist dabei der persönliche Standpunkt.

Die Ziele als Messlatte werden dann nachfolgend mit den Taten, dem »Walk«, verglichen. Die Taten beschreiben die realen Handlungen des Unternehmens bzw. die Wirkungen daraus. Können wir uns mit den Zielen persönlich identifizieren und stimmt die Ankündigung mit der späteren Realität überein, baut sich Vertrauen auf.

Beim Einzelhandel bezieht sich Vertrauen auf materielle und zunehmend auch immaterielle Werte. Die materiellen Bereiche umfassen vor allem die Qualität der Produkte und das Preis-Leistungs-Verhältnis. Vertrauen zeigt sich z. B. darin, dass ein Kauf ohne spezielle Preisprüfung erfolgt. Es wird auf ein gutes Preis-Leistungs-Verhältnis vertraut. Im immateriellen Bereich spielt für Kunden die Frage von nachhaltigem Handeln eine zunehmende Rolle. Auch der Umgang mit der Belegschaft gehört in diesen Bereich.

In diesem Punkt offenbart sich wieder die ganze Problematik von Schlecker. Die jahrelange Sprachlosigkeit führte dazu, dass keine wirklichen Aussagen zu den Werten und den Zielen des Unternehmens existierten. Werte und Ziele, die von der Person Anton Schlecker hätten kommen und auch nach außen vorgelebt werden müssen.

An dieser Stelle könnte berechtigterweise eingewandt werden, dass dies ja in ähnlicher Form z. B. auch für Aldi gelte. Im Gegensatz zu Schlecker hat Aldi es aber geschafft, seine »Worte« auf die rationale Ebene zu lenken. Gemeint ist damit vor allem die Aussage, dem Kunden ein optimales Preis-Leistungs-Verhältnis zu liefern. Im Falle von Aldi wird dies zur elementaren vertrauensstiftenden Aussage, da sie über viele Jahre hinweg eingelöst wurde. Bildlich gesprochen bedeutet das: Aldi hat über viele Jahre kontinuierlich auf sein Vertrauenskonto eingezahlt.

Ist sich Anton Schlecker wirklich bewusst, wie kritisch sich auch hier die Lage zuspitzt? Lange Zeit scheint ihm das jedenfalls nicht klar zu sein. Noch im Sommer 2010, also lange nach dem Höhepunkt der Meniar-Affäre, verkündet die Schlecker-Homepage stolz:

> Mit einer Bekanntheit von 95 Prozent und einem Sympathiewert von 43 Prozent lässt der Ehinger Discounter die Konkurrenz weit hinter sich. (Quelle: Brigitte Kommunikationsanalyse 2008)[95]

Aber: Die Realität sieht seit Meniar völlig anders aus. Die Imagewerte stürzen ab. Auch hier scheint zu gelten, dass unangenehme Wahrheiten nicht gern gesehen werden. Wenn die aktuelle Zeitung schlechte Nachrichten bringt, dann liest man lieber im Archiv über die Erfolge von gestern.

Wie sah die Realität im Jahr 2010 aus, wenn eine zeitnahe Studie herangezogen wurde? Eine Antwort darauf gibt die Auswertung des Beratungsunternehmens OC&C Strategy Consultants.[96] Das Unternehmen untersucht mit dem sogenannten OC&C-Proposition Index ca. 300 Handelsunternehmen weltweit. Durch Beurteilung der Kunden sollen Stärken und Schwächen identifiziert werden, insbesondere mit Blick auf Erfolgsfaktoren. Der Gesamtindex verdichtet die einzelnen Beurteilungen für Preisstellung, Preis-Leistung, Produktqualität, Einkaufserlebnis, Service, Produktauswahl und Vertrauen. (Er ist damit umfangreicher, als das für unsere Zwecke eingesetzte, vereinfachte Punktmodell.)

Bei der Gesamtbeurteilung von 48 untersuchten Handelsunternehmen in Deutschland werden 2010 die ersten drei Plätze belegt von 1. Amazon: 87,1 Punkte; 2. dm: 82,9 Punkte; 3. Aldi: 77,6 Punkte. Knapp dahinter folgen 4. Rossmann: 77,0 Punkte und 5. Douglas: 76,7 Punkte.

Schlecker belegt den vorletzten Platz (47) mit 57,3 Punkten. Hinter Schlecker befindet sich nur noch Woolworth (48) mit 54,9 Punkten; ein Unternehmen, das 2009 in ein Insolvenzverfahren ging.[97]

Interessant ist in diesem Zusammenhang auch die Positionierung der Unternehmen in den einzelnen Kategorien (siehe Abb. 24). Für Schlecker hat sich die Situation gegenüber der Glanzphase des Unternehmens dramatisch geändert. Waren die Gegner dieser Pionierphase schwache, leicht zu besiegende Einzelhändler, steht Anton Schlecker jetzt einer Phalanx von Top-Unternehmen gegenüber. Sie sind so stark, dass sie sogar die meisten Handelsunternehmen der anderen Branchen übertreffen.

Bei den Ursachen für die extrem schlechte Imageposition von Schlecker und die gute Position seiner Wettbewerber stoßen wir immer wieder auf den Aspekt der Kommunikation. Auch hier ist es im Kern der Geiz an Kommunikation, den wir

Schlecker-Konkurrent dm nimmt Spitzenposition ein

	Champion	#2	#3
Preisstellung	kik	ALDI	LIDL
Preis-Leistung	ALDI	*dm*	R⊕SSMANN
Produktqualität	*dm*	*Douglas*	R⊕SSMANN
Einkaufserlebnis	*Douglas*	*dm*	ESPRIT
Service	*Douglas*	*dm*	OTTO
Produktauswahl	Kaufland	*dm*	real,-
Vertrauen	*dm*	R⊕SSMANN	*Douglas*

Abb. 24: Champions in den Elementen des OC&C-Proposition-Index
(ohne reine Online-Händler) (Quelle: OC&C Strategy Consultants,
2010)

antreffen. So kritisiert der Marken-Experte Holger Geißler,
dass ein Kundendialog praktisch nicht existierte:

> Im Grunde sollten die Kunden eben nur die Produkte kaufen,
> aber ansonsten wollte das Unternehmen nicht viel mit ihnen
> zu tun haben. Ganz im Gegenteil zur Drogeriekette dm, die
> einen sehr intensiven Kundendialog führt, mit einem Pay-
> back-System punktet und auch in den sozialen Medien sehr
> präsent ist.[98]

Bei allen Bemühungen von Lars und Meike Schlecker gelingt
keine positive Positionierung des Unternehmens. Dies zeigt ganz
deutlich eine Studie aus dem Sommer 2011 der Landau Media
AG, die den Titel »Reputation führender Drogeriemarktketten
in Zeiten von Social Media«[99] trägt. Von Juni bis August 2011

wurden dazu Medien aller Gattungen (Print, TV, Hörfunk, re-daktionelle Online-Medien und das Social Web) im Hinblick auf die Präsenz von Schlecker und Wettbewerbern untersucht. Die Aussagen müssen aus Sicht des Unternehmens ernüch-ternd wirken:

> *Das Top-Thema der Präsenz Schleckers ist die Bekanntgabe der Schließung von 800 Filialen. Im Rahmen dieser Bekannt-gabe werden die Themen und Skandale der Vergangenheit erneut auf die Agenda gesetzt: schlechte Behandlung der Mit-arbeiter, Verhinderung von Betriebsräten und Begrifflichkei-ten wie z.B. Angstkultur und Dumpinglöhne bilden nur ei-nen Ausschnitt der negativen Akzente. Schlecker gelingt es in diesem Zusammenhang nicht, die eigenen Bemühungen hin-sichtlich einer positiven Restrukturierung des Unternehmens (z.B. Mitarbeiterschulungen, neue Filialkonzepte) und die in diesem Zeitraum abgeschlossenen angemessenen Tarifver-träge nach Tarifstreiks als positives Element entgegenzuset-zen.*[100]

Die Studie identifiziert ausdrücklich den Unternehmensgrün-der, und damit Anton Schlecker, als eine der Ursachen für die zumeist negative Berichterstattung über Lars und Meike Schle-cker. Es bestätigt sich, dass ein Neuanfang mit Anton Schlecker im Hintergrund nicht das glaubwürdige Signal für einen radi-kalen Wandel und den Bruch mit der Vergangenheit gegeben hat. Ganz im Gegenteil. Und entsprechend fügt sich die Ana-lyse von Landau Media in das Gesamtbild:

> *Mit Übernahme des öffentlichen Ruders der Schlecker Unter-nehmenskommunikation werden die Unternehmerkinder Meike und Lars Schlecker hauptsächlich in negativen The-*

menzusammenhängen genannt. Auffällig ist, dass sich beide innerhalb der öffentlichen Debatte nicht vom Unternehmensgründer distanzieren können, um so nachhaltig gegen negative Retrospektiven ankämpfen zu können und die geplanten Restrukturierungsmaßnahmen positiv mit der eigenen Person in Zusammenhang zu bringen, damit langfristig Vertrauen aufgebaut werden kann.[101]

Kennzeichnend für die Endphase ist, dass zu den Problemen auch noch Pech kommt. Es fehlt nicht viel, um sich vorzustellen, dass bei Schlecker wegen der immer angespannteren Lage in der zweiten Jahreshälfte 2011 die Nerven blankliegen. Da passiert ein Kommunikations-GAU erster Güte.

Der Schlecker-Slogan »For You. Vor Ort.« gehört der Kategorie der modisch klingenden denglischen Begriffe an, die typischerweise ihren Schöpfern mehr sagen als den Kunden. So wurde der Douglas-Werbeslogan »Come in and find out« gelegentlich übersetzt als »Kommen Sie rein und finden Sie wieder raus«. Nicht das, was das Unternehmen sich gewünscht hätte, aber auch nicht wirklich ein echtes Problem. Anders liegt dies im Fall Schlecker.

Das Unternehmen erhält einen Brief, in dem sich die Absender über die mangelnde sprachliche Qualität des Slogans beschweren. Der Unternehmenssprecher antwortet auf den Brief. Darin erläutert er, dass der Slogan »For You. Vor Ort.« speziell auf die Schlecker-Kundschaft ausgerichtet sei, und diese entstamme dem »niederen bis mittleren Bildungsniveau«. Diese Formulierung ist, gelinde gesagt, unglücklich.

Der Brief gelangt an die Presse. Diese zögert nicht lange und spitzt das Ganze zu. »Schlecker hält eigene Kunden für blöd«, titelt die *Financial Times Deutschland* am 26. Oktober 2011. Ein Sturm der Entrüstung bricht daraufhin los.[102]

Das verwundert kaum, denn das Unternehmen hat nach wie vor einen denkbar schlechten Ruf – trotz aller Bemühungen von Lars und Meike Schlecker. Diesem Unternehmen wird im negativen Sinne alles zugetraut. Wenn es zwei Deutungsmöglichkeiten gibt, so wird im Zweifelsfall die negative ausgewählt.

In anderen Fällen hätte die Journalistin vielleicht zum Telefon gegriffen und Kontakt zu dem Unternehmenssprecher aufgenommen. Sie hätte vielleicht herausgefunden, dass die Kennzeichnung »niedriges bis mittleres Bildungsniveau« z. B. auch als »Hauptschulabschluss und Realschulabschluss« übersetzt werden kann. Es wäre deutlich geworden, dass diese Kennzeichnung nicht mit einer Aussage zu einem Intelligenzquotienten gleichzusetzen ist. Aber wenn man überhaupt einem Unternehmen zutraut, dass es die Öffentlichkeit und seine Kunden für dumm hält, dann ist es eben Schlecker.

Die Lage bei Schlecker spitzt sich in der zweiten Jahreshälfte 2011 deutlich zu. Zwar sind nach Aussagen von Lars Schlecker bei den umgebauten Läden erhebliche Umsatzzuwächse zu erkennen. Aber die Maßnahmen kommen letztlich alle um Jahre zu spät. Zudem macht die Größe des Unternehmens den Umbau zu einem finanziellen Herkules-Akt, den das Unternehmen nicht stemmen kann. Der Aufstieg von dm und anderen Konkurrenten setzt sich fort, während der Umsatz von Schlecker weiter zurückgeht (siehe Abb. 25).

Betrachten wir mit einem Blick durch die Analyse-Brille, wie sich die Wettbewerbsposition von Schlecker am Ende dieser Phase darstellt.

1. Erfolgsfaktor »Preis«: 2006 wurde in der Mercer-Studie festgestellt, dass Schlecker seinen früheren Preisimagevorteil verloren hat. Es bestand kein Vorteil, aber (noch) kein Nach-

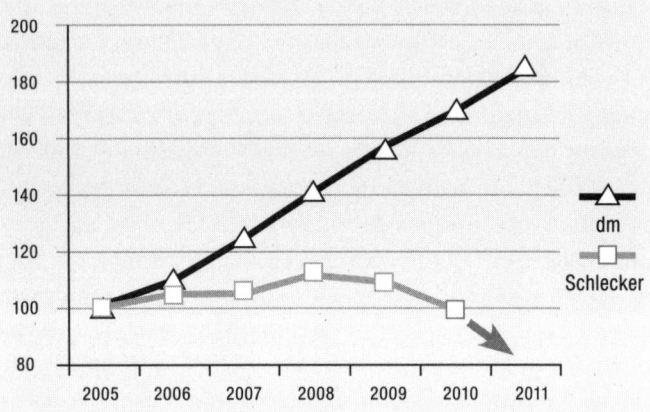

dm wächst immer weiter und Schlecker stürzt ab

Abb. 25: Umsatzentwicklung dm vs. Schlecker 2005–2011 (2005 = 100)
(Quelle: Alter, 2011, S. 12, fortgeführt)

teil. In der Erfahrung vieler Konsumenten, und in Vergleichen bestätigt, entwickelte sich Schlecker jetzt sogar zu einem Anbieter mit Preisnachteilen.[103] Die Konkurrenz zieht
also auch hier an dem Unternehmen vorbei.

2. Erfolgsfaktor »Sortiment«: Die Produktpalette ist in den
umgebauten Läden deutlich ansprechender als in den kon-
ventionellen Verkaufsstellen von Schlecker. Das Unternehmen holt hier auf, kann aber noch nicht an die Konkurrenten heranreichen. Dafür ist vor allem der Anteil an den
Gesamtläden noch zu gering, um durchschlagend zu wirken. Ein Gleichstand mit der Konkurrenz wird daher nicht
erreicht.

3. Erfolgsfaktor »Lage«: Das fortschreitende Schließen von
Filialen durch Schlecker und die Expansion der Konkurrenz
hat den früheren Vorsprung des Unternehmens stark redu-

ziert. Schlecker-Läden sind nach wie vor sehr gut zu erreichen. Speziell in den bevölkerungs- und umsatzstarken Regionen sind aber inzwischen auch die Filialen der Konkurrenten sehr gut vertreten. Es ist daher gerechtfertigt, insgesamt von einem Gleichstand zu sprechen.

4. Erfolgsfaktor »Ladengestaltung und Einkaufserlebnis«: Hier gilt Ähnliches wie im Bereich des Sortiments. So sind die XL-Läden der prinzipiell richtige Weg, sie können aber noch nicht voll zur Wirkung kommen. Ein Gleichstand mit der Konkurrenz ist auch hier noch nicht gegeben.

5. Der Erfolgsfaktor »Vertrauen in ein Unternehmen« wird zu einem relevanten Kriterium. Speziell das Verhalten von Schlecker dürfte wesentlich dazu beigetragen haben, dass Kunden den Faktor »Vertrauen in ein Unternehmen« als bedeutsam ansehen. Und hier schneidet Schlecker äußerst schlecht ab. Wie gering das Vertrauen in das Unternehmen ist, zeigen die Ergebnisse von Image-Untersuchungen, die im Januar 2012 veröffentlicht wurden. Für *Wirtschaftswoche Online* hatte das Meinungsforschungsinstitut YouGov die Imagewerte von Drogerieanbietern erhoben. Für die Messung sogenannter BrandIndex-Punkte wurde eine Skala von −100 bis +100 Punkten eingesetzt. Während die Marken dm und Rossmann mit 88,3 bzw. 79,4 Punkten sehr hohe Werte erreichten und damit äußerste Beliebtheit demonstrierten, lag Schlecker nur bei einem Wert von −39,5 Punkten und damit dramatisch schlecht.[104]

Ebenfalls in der zweiten Jahreshälfte 2011 erfolgte die Untersuchung des *manager magazins* zu den beliebtesten Unternehmen in Deutschland. Das Gesamtranking ist im Resultat überschrieben mit: »Von Audi bis Schlecker«. Und dies ist nicht alphabetisch gemeint.

Für die Bewertung befragten Marktforscher unter der Leitung von Prof. Joachim Schwalbach (Humboldt-Universität, Berlin) insgesamt 4 050 repräsentativ ausgewählte Führungskräfte der ersten und zweiten Ebene. Erhoben wurde das Gesamtimage der Unternehmen und das Image in fünf Einzelkategorien: 1. Management-Qualität, 2. Finanzielle Solidität, 3. Innovationskraft, 4. Kundenorientierung und 5. Nachhaltigkeit. Die Bewertung erfolgte auf einer Skala von 0 (sehr schlecht) bis 10 (sehr gut).

Das beste Unternehmen, Audi, erreichte insgesamt 840 Punkte. Der Durchschnitt lag bei 622 Punkten. Schlecker kam auf den letzten Platz mit 313 Punkten. Das ist gerade einmal die Hälfte des Durchschnitts. Nach Aussage der Autoren fallen Werte bis 450 Punkte in den Bereich »katastrophal«. Hätte es eines Beweises gebraucht, dass in der Öffentlichkeit weiterhin massive Zweifel an der Nachhaltigkeit von Schlecker bestehen, diese Erhebung hätte ihn geliefert. Die befragten Führungskräfte gaben ein vernichtendes Urteil ab: In der Kategorie »Nachhaltigkeit« erhält Schlecker mit 271 Punkten den auch noch mit Abstand niedrigsten Wert aller untersuchten 170 Unternehmen. Kein anderes Unternehmen fällt überhaupt unter 300 Punkte.

Fassen wir jetzt für den finalen Punktestand im Wettbewerb um den Kunden die Einzelergebnisse zusammen. Die aufaddierten Resultate bei den Erfolgsfaktoren »Preis«, »Sortiment«, »Lage«, »Läden« und »Vertrauen« sind eindeutig: Das strategische Kräftegleichgewicht in unserem Dreieck hat sich weiter zum Nachteil von Schlecker verschoben. Wie Abbildung 26 zeigt, lautet der neue Punktestand: Schlecker gegen Konkurrenz: 1:5.

Das Unternehmen befindet sich mehr und mehr im Sturzflug. Die Ergebniskrise hat sich zur Liquiditätskrise verschärft.

Phase 4:

Das Schlecker-Imperium brennt
→ **Schlecker fällt endgültig zurück**

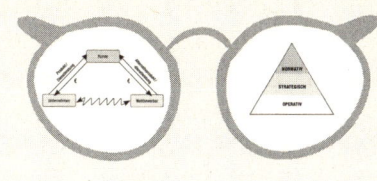

Erfolgsfaktor	Gewinner: Schlecker / Konkurrenz
Preis	*Konkurrenz*
Sortiment	*Konkurrenz*
Lage	*Unentschieden*
Läden	*Konkurrenz*
Vertrauen	*Konkurrenz*

Schlecker: 1
Konkurrenz: 5

Abb. 26: Der Blick durch die Brille: Das Schlecker-Imperium brennt

Engpässe bei der Versorgung der Läden treten auf und nähren die Gerüchte über Liquiditätsprobleme.

Die Ereignisse nähern sich dem jetzt Unausweichlichen. Die Geschehnisse haben ihre eigene Dynamik entwickelt. Die Zeit läuft ab.

Am 20. Januar 2012 verbreitet sich die Nachricht wie ein Lauffeuer: Schlecker ist insolvent.

VII.

FOR YOU. VOR ORT. VORBEI: SCHLECKER-LAND IST ABGEBRANNT

Welche Rolle spielen Lars und Meike Schlecker noch? Wie ist ihr Einsatz zu beurteilen? Wie sieht die Zukunft des Unternehmens aus? Welche Bedeutung kommt einem externen Investor zu?

Mit dem Insolvenzantrag endet die Saga von Anton Schlecker als dem Drogeriekönig von Deutschland. Der Antrag auf das Insolvenzplanverfahren hatte eine andere Absicht bezweckt. Es war der letzte, verzweifelte Versuch noch etwas zu retten. Etwas von dem früheren, den Markt dominierenden Imperium zu behalten. Aber auch in dieser Situation werden wir nicht Anton Schlecker sehen. Es sind Lars und Meike Schlecker, die sich den Fragen der Öffentlichkeit stellen.

Und die Bemühungen von Lars und Meike Schlecker zur Rettung des elterlichen Unternehmens zeichnen sie aus. Bis zu ihrem Auftreten hatte dieses Unternehmen kein Gesicht. Erst durch sie erhält das Unternehmen menschliche – und somit positive – Züge. Aber dieses Bild tritt erst hervor, als die Szenerie für das Ende der Tragödie schon aufgebaut ist.

In ihren Auftritten, ihrer Art, wie sie die Dinge sagen, wirken sie durchaus authentisch. Es ist förmlich zu spüren, wie sie kämpfen, um das Unternehmen zu retten, wie sie an den Entwicklungen leiden.

Und doch zeigen sich auch deutlich die Begrenzungen. Enge familiäre Bindungen erschweren unternehmerische Entscheidungen, speziell wenn Rücksicht genommen werden muss. Entscheidungsprozesse verlängern sich und werden dann oftmals als Kompromisse getroffen. Die Konkurrenz attackiert in der Zwischenzeit immer stärker und wirbt Tag für Tag mehr Kunden ab. Frühere Fehlentscheidungen sind zu korrigieren, ohne zu viel familiäres Porzellan zu zerschlagen.

Nein, das Unternehmen befand sich ab 2010 mehr und mehr in einer solch problematischen Lage, dass deutlich aggressivere Maßnahmen erforderlich gewesen wären. Das war eine Aufgabe, die schon zu diesem Zeitpunkt ausgewiesene Sanierungserfahrung an der Spitze erfordert hätte, um überhaupt eine Chance zu haben.

Auf der Pressekonferenz am 30. Januar 2012 in Ehingen wird Meike Schlecker von der Geschwindigkeit der Restrukturierung sprechen.[105] Sie wird ausführen, dass man »einen Ticken zu spät begonnen« habe und »auch einen Ticken zu langsam« gewesen sei. Das klingt fast so, als werde ein kleines Missgeschick erklärt und entschuldigt.

Aber die Aussage entspricht nicht der Realität. Nein, das Unternehmen von Anton Schlecker ist nicht in die Insolvenz geraten, weil »ein bisschen« zu spät und ein »bisschen zu langsam« gehandelt wurde. Das Unternehmen von Anton Schlecker ist in die Insolvenz geraten, weil es über Jahre ohne Kompass und Fakten geführt wurde. Und wahrscheinlich ist Meike Schlecker und ihrem Bruder das auch mehr als einmal in dieser letzten Phase von 2010 bis 2012 schmerzhaft deutlich geworden.

Wie groß die Defizite in der Restrukturierung waren, ist deutlich an dem Herangehen von Insolvenzverwalter Arndt Geiwitz zu erkennen. In kaum mehr als einem Monat erarbeitet er einen harten Sanierungsplan und beginnt sofort mit der Umsetzung. Hinzu kommt, dass er die Dinge so anspricht, wie sich die Realität darstellt.

Die Zahlen, die jetzt auf dem Tisch liegen, verdeutlichen den extremen Handlungsdruck. Die Bücher des Unternehmens weisen für das Jahr 2011 einen Verlust von rund 200 Millionen Euro aus. Jeden laufenden Monat entstehen weitere Verluste von rund 20 Millionen Euro.[106]

Der Sanierungsplan sieht drastische Maßnahmen vor

Konzern gesamt	Stand jetzt (29.02.2012)	Reduktion	Geplanter Erhalt
Filialen	ca. 8970 Märkte	ca. 2400 Märkte (entspr. 26,8 %)	ca. 6580 Märkte (entspr. 73,2 %)
Arbeitsplätze	ca. 41150 Mitarbeiter	ca. 11750 Mitarbeiter (entspr. 28,5 %)	ca. 29400 Mitarbeiter (entspr. 71,5 %)
Filialen in Deutschland	**Stand jetzt** (29.02.2012)	**Reduktion**	**Geplanter Erhalt**
Schlecker u. Schlecker XL	ca. 5400 Märkte	ca. 2400 Märkte (entspr. 44,4 %)	ca. 3000 Märkte (entspr. 55,6 %)
Ihr Platz	ca. 670 Märkte	Sanierungskonzept wird separat vorgestellt	Sanierungskonzept wird separat vorgestellt
Mitarbeiter in Deutschland	**Stand jetzt** (29.02.2012)	**Reduktion**	**Geplanter Erhalt**
Schlecker u. Schlecker XL	ca. 25250 Mitarbeiter	ca. 11750 Mitarbeiter (entspr. 46,5 %)	ca. 13500 Mitarbeiter (entspr. 53,5 %)
Ihr Platz	ca. 5350 Mitarbeiter	Sanierungskonzept wird separat vorgestellt	Sanierungskonzept wird separat vorgestellt

Abb. 27: Übersicht zu den Reduktionen bei Filialen und Mitarbeiter (Stand: 29.02.2012) (Quelle: O.V.e, 2012)

Es sind »bittere Maßnahmen«, wie der Insolvenzverwalter unumwunden ausspricht. Und er hält sie nach Prüfung der Situation für unvermeidbar, soll das Unternehmen gerettet werden. Wie entschieden und zugleich radikal er dabei vorgeht, zeigt der Schrumpfungsplan (siehe Abb. 27).

Dieser Sanierungsplan wird am 29. Februar 2012 kommuniziert und seine Umsetzung wird nachfolgend konsequent vorangetrieben. Mit der Kenntnis der tiefgreifenden Probleme des Unternehmens ist diese Radikalität des Vorgehens offensichtlich erforderlich. Die Hoffnungen des Schlecker-Clans, das ursprüngliche Restrukturierungskonzept mit nur geringen Veränderungen durchzuführen, zerschlagen sich somit.

In seinem Vorgehen setzt der Insolvenzverwalter die großen Hebel von Restrukturierungen ein, wie wir sie bereits skizziert haben:

1. Schrumpfung: Das Ausrichten auf einen Kern, der als gesund angesehen wird. Diese Konzentration ist verbunden mit einer massiven Verkleinerung der Ladenzahl und der Entlassung von rund 11 000 Beschäftigten. Inhaltlich bedeutet dies zugleich eine Abkehr vom bisherigen Konzept der »Nachbarschaftsläden«.
2. Sicherstellung der Finanzierung: Der Versuch, neue Investoren an Bord zu holen.
3. Investitionen in Zukunft: Der Versuch, das Modernisierungsprogramm fortzuführen, wobei dies eine gesicherte Finanzierung voraussetzt.

Wie sich die Geschichte ab dem Insolvenzantrag weiterentwickeln würde, war mit hoher Unsicherheit behaftet. Es war den Beschäftigten zu wünschen, dass es gelingen würde, den verbleibenden Kern des Unternehmens zu stabilisieren und in eine neue Zukunft zu führen. Einem Investor wäre dabei eine doppelte Rolle zugekommen: Zum einen die notwendige Kapitalzufuhr zu gewährleisten. Zum anderen, und wegen der Historie des Unternehmens unerlässlich, die nötigen Zeichen für einen radikalen Neuanfang zu setzen. Die Zeichen für ein tiefgreifendes »Schlecker Neu«.

Leider gab es dieses glückliche Ende aber nicht.

Dem Insolvenzverwalter ist es letztlich nicht gelungen, Investoren zu finden. Investoren, die bereit gewesen wären, dieses Wagnis auf sich zu nehmen und dazu einen Kaufpreis offeriert hätten, der aus Sicht der Gläubiger akzeptabel gewesen wäre.

Einer der Faktoren, der dabei eine Rolle spielte, war das erhebliche Risiko aus Kündigungsschutzklagen. Dieses Risiko entstand durch die Probleme bei der Umsetzung des Sanierungsplanes. Mit dem Sanierungsplan war die Absicht verbunden, eine Transfergesellschaft zu gründen. In diese Transfergesellschaft wären die ca. 11 000 Beschäftigten übergeleitet worden, die der Abbauplan vom 29. Februar 2012 letztlich betraf. Aus Sicht dieser Betroffenen hätte der Übergang in die Gesellschaft zusätzliche Leistungen gegenüber den Standardkonditionen für Arbeitsuchende erbracht und damit einen Anreiz dargestellt. Aus Sicht des Insolvenzverwalters hätte die Transfergesellschaft das Risiko von Kündigungsschutzklagen weitgehend reduziert. Für die Transfergesellschaft wären allerdings ca. 70 Millionen Euro erforderlich gewesen. Ein Betrag, über den das Unternehmen nicht mehr verfügte, und daher um öffentliche Hilfe nachsuchte. Am 29. März 2012 wurde bekannt gegeben, dass keine Einigung zwischen den betroffenen Bundesländern bezüglich einer Bürgschaftsübernahme getroffen werden konnte.[107]

In der Konsequenz resultierten daraus die Kündigung der Beschäftigten und nachfolgend eine Klagewelle. So sollen insgesamt ca. 4 500 Kündigungsschutzklagen mit einem geschätzten Risiko von über 100 Millionen Euro anhängig sein.[108]

Die Kündigungsschutzklagen und das daraus resultierende Risiko erschwerten die Suche nach einem Investor, daran kann kein Zweifel bestehen. Gleichzeitig waren sie jedoch kaum ursächlich für das spätere Scheitern der Bemühungen. Investoren sind nüchtern kalkulierende Geschäftsleute, die ein derartiges Risiko als Abzugsposition berücksichtigen. Mit anderen Worten: Es gab einen geschätzten Wert für das Unternehmen mit Klagerisiko und einen Wert ohne Klagerisiko. Das eigentliche Problem lag darin, dass die Investoren im geschäftlichen Kern des Unternehmens nur einen sehr niedrigen Wert sahen und das selbst ohne Klagerisiko.

Investoren berechnen für die Wertermittlung die Höhe und die zeitliche Verteilung der Einzahlungen und der Auszahlungen. Die zeitliche Verteilung wird dabei über die Diskontierung der Zahlungsströme berücksichtigt. Zeitlich nahe liegende Größen erhalten damit ein stärkeres Gewicht als Zahlungen in späteren Jahren. Den potentiellen Investoren lagen nun für die Beurteilung des Unternehmens die detaillierten Daten des Insolvenzberaters vor, aus denen sie ihre eigenen Einschätzungen ableiteten. Es waren diese Einschätzungen, die ganz offensichtlich zu einem niedrigen Wert selbst ohne Berücksichtigung der Klagerisiken führten: Ein hoher Investitionsbedarf (= Auszahlungen) in der nahen Zukunft und ein ungewisser Sanierungserfolg (= Einzahlungen) in der mittleren bis fernen Zukunft. Auch wenn die Einschätzungen je nach Investor naturgemäß variierten, ergaben sich letztlich nur relativ niedrige Angebote.

Der Gläubigerausschuss hatte damit eine Entscheidung zwischen zwei Alternativen zu treffen:

1. Verkauf zu einem relativ niedrigen Preis oder
2. Abwicklung des Unternehmens und damit Realisieren eines in diesem Fall höheren Wertes.

Am 1. Juni 2012 verkündete der Insolvenzverwalter die Entscheidung des Gläubigerausschusses: »Die Angebote waren nicht akzeptabel, weil sie deutlich unter einer Zerschlagung lagen«.[109]

Im Resultat wurde damit die Gesamtabwicklung eingeleitet. Im ersten Schritt erfolgte die Schließung der klassischen Schlecker-Läden. Am 27. Juni 2012 schließen die letzten von 2 800 Läden und 13 200 Beschäftigte sind betroffen.[110] Aber auch den XL- und den meisten Ihr-Platz-Läden erging es nicht besser.

Entgegen anfangs optimistischer Prognosen konnte weder für die Schlecker-XL-Läden noch für die Ihr-Platz-Kette ein Gesamt-Investor gefunden werden. So sprang bei Ihr Platz letzlich auch der lange Zeit als sicher geltende Investor DUBAG ab.[111] Zumindest für einen Teil der noch existierenden 490 Ihr-Platz-Filialen gelang es dann, im Juli 2012 Übernahmevereinbarungen zu treffen, und zwar mit der Drogeriekette Rossmann für 104 Filialen und mit der österreichischen MTH Retail Group für 109 Filialen.[112]

Die geschäftliche Implosion fand ihr Spiegelbild in der Entwicklung der Gläubigerpositionen. Lag die Forderungssumme Anfang Juni 2012 noch bei 665 Millionen Euro, so hatte sie sich bis Mitte Juli 2012 auf 1,075 Milliarden Euro erhöht. Ein Betrag, der aus den Einzelforderungen von 22 738 Gläubigern resultierte.[113]

Auch in dieser »heißen Phase« wird Anton Schlecker nicht in Erscheinung treten. Seine Handlungen an der Spitze des Unternehmens werden jedoch jetzt von der Staatsanwaltschaft untersucht. Sie hat im Juli 2012 Ermittlungen wegen des An-

fangsverdachts von Untreue und Insolvenzverschleppung aufgenommen.[114]

Als Resultat von Fehlern, die vor Jahren ihren Anfang genommen haben, verschwindet der Name Schlecker im Jahr
2012 von der deutschen Handelslandkarte. Die Aufarbeitung
von »Aufstieg und Absturz« wird dagegen noch deutlich über
dieses Jahr hinausgehen und hoffentlich auch Impulse geben.
Impulse für unternehmerisches Handeln mit Fakten und Kompass, speziell wenn ein Unternehmen strategischen Herausforderungen gegenübersteht. Aber auch Impulse für die Aus-
bildung von zukünftigen Nachwuchskräften, damit Lehren
gezogen und für die Zukunft weitergegeben werden.

Meilensteine der Schlecker-Saga

Die nachfolgende Tabelle gibt noch einmal eine chronologische Übersicht über die wichtigsten Ereignisse in der Firmengeschichte (bis Juli 2012) wieder.

JAHR	STICHWORT	EREIGNIS / THEMA
1965	Unternehmens-gründung	Anton Schlecker tritt in das Unternehmen seines Vaters ein, das aus einer Fleischwaren-fabrik mit 17 Fleischerei-Filialen besteht.
1967	Eröffnung SB-Warenhaus	Anton Schlecker eröffnet sein erstes SB-Warenhaus unter dem Namen »Schleckerland« in Ehingen. Weitere vier SB-Warenhäuser in der Region folgen bis 1974.
1974	Gesetz gegen Wettbewerbs-beschränkungen	Das Gesetz wird geändert. Damit fällt die Preisbindung für Markenartikel.
1975	Eintritt in den Drogeriemarkt	In Kirchheim/Teck eröffnet Anton Schlecker seinen ersten Discount-Markt für Drogerie-artikel.
1977	Meilenstein 100	Der 100. Schlecker-Drogeriemarkt in Deutschland öffnet.
1984	Meilenstein 1000	Der 1000. Schlecker-Drogeriemarkt in Deutschland öffnet.
1987	Beginn Auslands-expansion	Der Eintritt in den österreichischen Markt sig-nalisiert den Start der Expansion ins Ausland. (Österreich ca. 1000 Filialen – Ende 2011)
1987	Entführung	Dezember 1987: Lars und Meike Schlecker werden entführt. Sie kommen später wieder frei.
1989	Niederlande	Start der Expansion in die Benelux-Staaten. Rückzug aus den Niederlanden und Belgien 2010; zuletzt ca. 160 Filialen.
1989	Luxemburg	Markteintritt; zuletzt ca. 20 Filialen (Ende 2011).

JAHR	STICHWORT	EREIGNIS/THEMA
1989	Spanien	Markteintritt; zuletzt ca. 1200 Filialen (Ende 2011).
1991	Frankreich	Markteintritt durch die Übernahme der französischen Superdrug-Outlets; zuletzt ca. 155 Filialen (Ende 2011).
1998	Verurteilung	Strafbefehl gegen Anton und Christa Schlecker wegen Unterbezahlung von Mitarbeitern.
1999	Italien	Markteintritt; zuletzt ca. 280 Filialen (Ende 2011).
1999/ 2000	Online-Vertrieb	Beginn des Vertriebs über das Internet. Zwei Jahre später Inbetriebnahme eines Versandzentrums. Mit ca. 8000 Online-Artikeln ist das Sortiment ungefähr doppelt so groß wie das in den durchschnittlichen Läden.
2001	Externes Wachstum	Übernahme von 240 Sconti-Drogeriemärkten der Rewe-Gruppe in Deutschland.
2004	Dänemark	Markteintritt. Rückzug 2009 (zuletzt ca. 30 Filialen).
2004	Polen	Markteintritt; zuletzt ca. 90 Filialen (Ende 2011).
2005	Belgien	Markteintritt. Weitgehender Rückzug 2010.
2005	Tschechien	Markteintritt; zuletzt ca. 180 Filialen (Ende 2011).
2005	Ungarn	Markteintritt. Rückzug 2010/2011; zuletzt ca. 25 Filialen.
2006	Portugal	Markteintritt; zuletzt ca. 35 Filialen (Ende 2011).
2006	Externes Wachstum	Italien: Übernahme von 80 Blu-Drogerie-Parfümerien der Lombardini-Gruppe. Tschechien: Übernahme des Drogeriemarkt-betreibers Droxi, ca. 180 Filialen.

JAHR	STICHWORT	EREIGNIS/THEMA
2007	Externes Wachstum	Deutschland: Oktober 2007 Übernahme von Ihr Platz für ca. 150 Millionen Euro. Die ca. 700 Ihr-Platz-Filialen mit einem Umsatz von rund 675 Millionen Euro sollen als Premium-Marke weitergeführt werden.
2008	Versandapotheke	Februar 2008: Start der Versandapotheke Vitalsana im niederländischen Heerlen.
2008	Strategie-Workshop	Anfang 2008: Strategie-Workshop in Ehingen unter Leitung von Christa Schlecker.
2008	Neues XL-Format	September 2008: Eröffnung des ersten XL-Marktes in Bad Grönenbach. Das XL-Format zielt auf einen höherwertigeren Auftritt (u.a. größere Ladenfläche, klare Kategorisierung der Artikel, bessere Beleuchtung).
2009	Schrumpfung	Anfang 2009: Rückzug aus Dänemark.
2009	Meniar	Ab Anfang 2009 wird das Schlecker XL-/Meniar-Konzept deutlich: Schließen bisheriger Läden und Kündigung der Stammbelegschaft; Rekrutierung des Personals für XL-Läden zu deutlich schlechteren Konditionen über Meniar.
2009	Öffentlichkeitsreaktion	Beginnend ab Frühjahr 2009 immer stärker werdende negative Medien- und Öffentlichkeitsreaktion. Filmbericht vom 10.09.2009 im »K1 Magazin« verdeutlicht die personelle Verflechtung von Schlecker XL und Meniar.
2009	Politische Reaktion	November 2009: Erste Anfrage im Bundestag; in den folgenden Monaten entwickelt sich ein parteiübergreifender Konsens, dass gesetzliches Handeln erforderlich ist. Dies führt später zur »Lex Schlecker«.
2010	Ende von Meniar	Januar 2010: Das Unternehmen gibt bekannt, keine weiteren Zeitarbeitsverträge mit Meniar mehr abzuschließen. Der Unternehmenssprecher betont, dass man die ganze Diskussion um Meniar nicht habe nachvollziehen können.

JAHR	STICHWORT	EREIGNIS / THEMA
2010	Interview von Anton Schlecker	Januar 2010: Anton Schlecker gibt ein Interview (»das erste nach 15 Jahren«). Er signalisiert Gesprächsbereitschaft in Richtung Gewerkschaften. Ein Fehlereingeständnis zu Meniar erfolgt nicht. Für das Geschäft werden erhebliche Investitionen angekündigt.
2010	Tarifverträge	Juni 2010: Einigung zwischen Schlecker und Ver.di zu den Tarifverträgen.
2010	Neues Format »Schlecker kompakt«	August 2010: »Schlecker kompakt« zielt auf die Kleindrogerien. Die Verkaufsfläche soll auf bis zu 300 m^2 und die Artikelanzahl von 4000 auf 6000 steigen. Das Gesamtdesign soll deutlich kundenfreundlicher werden (z. B. breitere Gänge). Seit 2008 wurden als Formate bereits Ihr Platz, Ihr Platz Express, Schlecker XL und XXXL addiert.
2010	Unternehmensberater	Herbst 2010: Das Beratungsunternehmen Dr. Wieselhuber & Partner wird hinzugezogen. Das Programm »Fit for Future« entsteht.
2010	Führung des Unternehmens	November 2010: Anton Schlecker beruft seine Kinder Lars und Meike Schlecker in die Unternehmensführung. Sie sollen das Unternehmen künftig nach außen vertreten.
2010	Investitionsprogramm / »Fit for Future«	November 2010: Lars und Meike Schlecker informieren, dass als Teil von »Fit for Future« in den nächsten 18 Monaten insgesamt 230 Millionen Euro investiert werden sollen. 2012 sollen dann Umsätze und Filialzahl wieder steigen.
2010	Schrumpfung Ausland	Rückzug aus Ungarn, Belgien, Niederlande. Schlecker ist noch in neun Ländern vertreten: Deutschland, Österreich, Luxemburg, Frankreich, Spanien, Italien, Tschechien, Polen und Portugal.
2010	Schrumpfung Deutschland und Gesamt	Filialnetz: Von 2008 bis 2010 schrumpft das deutsche Filialnetz von ca. 10000 auf ca. 7800 Läden. Die Umsätze sinken für den Konzern um 930 Millionen Euro auf 6,55 Milliarden Euro.

JAHR	STICHWORT	EREIGNIS / THEMA
2011	Unternehmensstruktur	Januar 2011: Im Zuge einer Reorganisation wird zukünftig eine Doppelspitze an die Familie berichten: Sami Sagur (CFO) und Thorben Rusch (COO).
2011	Neues Ladenkonzept	Februar 2011: In Allmendingen wird der erste überarbeitete Laden vorgestellt. Er soll Muster für die bisherigen AS- und XL-Läden werden.
2011	Restrukturierung	Schlecker beginnt mit einem Radikalumbau seines Filialnetzes; es sollen hochwertige Drogerien entstehen. Die Aktion erfolgt unter einem neuen Logo und dem Slogan »For You. Vor Ort.« Schrumpfung: Parallel zum Modernisierungsprogramm werden in erheblichem Umfang Läden geschlossen. Ende 2011 ist das Netz um ca. 1400 Läden geschrumpft.
2011	»For You. Vor Ort.«	Oktober 2011: Ein missverständlicher Brief des Unternehmenssprechers zu dem Slogan »For You. Vor Ort.« führt zur Presseschlagzeile: »Schlecker hält eigene Kunden für blöd«. Es kommt zu negativen Öffentlichkeitsreaktionen.
2011	Liquidität	November/Dezember 2011: Vorstöße für eine Kapitalzufuhr durch Externe verlaufen erfolglos. In den Läden werden Lücken erkennbar. Es entstehen Gerüchte über Liquiditätsengpässe, die das Unternehmen dementiert.
2011	Sanierungstarifvertrag	Dezember 2011: Das Unternehmen strebt mit Ver.di einen Sanierungstarifvertrag an.
2012	Insolvenz	20.01.2012: Nach wochenlangen Gerüchten um Liquiditätsengpässe kommt die Nachricht, dass das Unternehmen einen Antrag für ein Insolvenzplanverfahren einreichen wird. 23.01.2012: Das Unternehmen reicht den Antrag für das Insolvenzplanverfahren beim Amtsgericht Ulm ein. Als Insolvenzverwalter wird Arndt Geiwitz bestellt.
2012	Pressekonferenz	31.01.2012: Auf einer Pressekonferenz in Ehingen erklärt Meike Schlecker, dass kein signifikantes Vermögen mehr vorhanden ist.

JAHR	STICHWORT	EREIGNIS/THEMA
2012	Sanierungs-plan	29.02.2012: Insolvenzverwalter Arndt Geiwitz stellt den Sanierungsplan vor. Dieser umfasst die kurzfristige Schließung von 2400 Märkten und Entlassung von 11750 Beschäftigten.
2012	Transfer-gesellschaft	29.03.2012: Bemühungen um eine Transfergesell-schaft für die betroffenen ca. 11000 Beschäftigten scheitern. Ihnen wird daraufhin die Kündigung ausgesprochen.
2012	Investoren-interesse	April 2012: Nach Angaben des Insolvenzverwalters haben rund ein halbes Dutzend Unternehmen ihr Interesse angemeldet.
2012	Negative Entwicklung	Mai 2012: Die Aussichten für eine Rettung des Unternehmens verschlechtern sich zunehmend. Am 25.05.2012 teilt der Insolvenzverwalter mit, dass den verbliebenen Investoren ein letzter Aufschub bis zum 01.06.2012 gewährt wird, um noch ein tragfähiges Übernahmekonzept vorzulegen.
2012	Das Ende	01.06.2012: Nach einer Sitzung des Gläubigeraus-schusses in Berlin verkündet der Insolvenzverwal-ter das Ende von Schlecker. Statt der ursprünglich abgestrebten Weiterführung kommt es jetzt zur Abwicklung. Dies betrifft 2800 Läden und 13200 Beschäftigte. Für Ihr Platz wird eine erfolgreiche Investorensuche signalisiert, ebenso wie Chancen für die XL-Läden.
2012	Ihr Platz	Juni 2012: Entgegen ursprünglicher Aussagen kommt es doch nicht zur Übernahme von Ihr Platz durch den Investor DUBAG.
2012	Läden schließen	27.06.2012: Die letzten Schlecker-Läden schlie-ßen.
2012	Schlecker XL	28.06.2012: Der Gläubigerausschuss beschließt auch die Schließung der XL-Läden. Betroffen sind rund 350 Filialen und 1110 Beschäftigte.
2012	Ihr Platz	18.07.2012/20.07.2012: Die Drogeriekette Ross-mann wird 104 und die österreichische MHT-Gruppe 109 der noch 490 Ihr-Platz-Filialen übernehmen.

JAHR	STICHWORT	EREIGNIS/THEMA
2012	Staatsanwalt	18.07.2012: Die Staatsanwaltschaft Stuttgart nimmt Ermittlungen gegen Anton Schlecker und weitere Verantwortliche wegen des Anfangsverdachts von Untreue und Insolvenzverschleppung auf. Mit 170 Ermittlern werden Wohnungen und Geschäftsräume durchsucht.
2012	Weitere Ladenübernahmen	Ende Juli: Investoren übernehmen weitere Geschäfte, darunter alle 1 350 Läden in Österreich, Italien, Polen, Belgien und Luxemburg.

Abb. 28: Meilensteine der Schlecker-Saga (Quellen: Vgl. ARD, 2004; Biehl, 2010; Deutscher Bundestag, 2009; Diekmann, 2012; Flaig, 2010; Giersberg, 2012; Hägler, 2012 a, b; Hage / Werres, 2012; Hirn / Schwarzer, 2010; Hirn / Sucher, 2008; Kabel 1, 2009; Keun / Langer, 2003; Mende, 2010 a, c, d; Mende, 2011 a–e; Mielke, 2012 a, b; O. V. e, 2012; O. V. f, 2012; O. V. g, 2012; O. V. i, 2012; Pothoff, 2009; Preuß et al., 2012; Rossmann, 2012; Schlecker, 2010, 2012 b; Susenberger, 2012; Ver.di, 2010)

VIII.

DIE LEHREN AUS SCHLECKER

Die Schlecker-Saga ist ein Lehrbeispiel für Fehler in der Unternehmensführung. Fehler aufzuzeigen ist das eine, Handlungsempfehlungen für die Zukunft zu geben, ist das andere. In den vorangegangenen Kapiteln wurden schon an verschiedenen Stellen solche Empfehlungen aufgezeigt. Sie sollen nachfolgend zusammengefasst und noch ergänzt werden. Es handelt sich insgesamt um acht Empfehlungen:

1. Unternehmenskultur des Vertrauens und der Wahrheit

Vertrauen bildet die Grundlage einer nachhaltigen Unternehmensführung. Es ist die Aufgabe der Menschen an der Spitze, die übergeordneten Ziele aufzuzeigen. Durch vorgelebte, positive Werthaltungen müssen sie ein Klima des Vertrauens und der Leistungsorientierung schaffen. Eingangs waren Ausschnitte aus dem Leitbild des Ehrbaren Kaufmanns im Verständnis der »Versammlung Eines Ehrbaren Kaufmanns zu Hamburg e.V.« zitiert worden. Diese sind nachfolgend in ihren zentralen Aussagen in Abbildung 29 dargestellt. Es sind Werthaltungen, die in ihren Wurzeln auf die Kaufleute der Hanse und das Jahr 1514 zurückgehen. Sie sind über die Jahre weiterentwickelt worden und haben nichts an ihrer Aktualität für unternehmerisches Handeln verloren, ganz im Gegenteil: »Nicht alles, was rechtlich zulässig ist, ist auch ehrbar!«[115]

Vertrauen wird durch gelebte Werthaltungen geschaffen. Auf das fiktive »Vertrauenssparbuch« muss über einen langen Zeitraum kontinuierlich eingezahlt werden. Die Menschen an der Spitze besitzen dabei eine herausragende Position und müssen durch ihr tägliches Handeln, durch »Walk the Talk«, in Vorleistung treten.

Sie müssen zugleich die Bereitschaft besitzen, sich in einem geeigneten Kreis einer offenen, konstruktiv-kritischen Diskussion zu stellen. Dies ist nicht ein Plädoyer für die Abkehr von unternehmerischer Verantwortung, ganz im Gegenteil. Die Führung des Unternehmens hat die Aufgabe und damit auch die Verantwortung für die »Letztentscheidungen«. Um diese wahrnehmen zu können, bedarf es eines breiten Inputs an Meinungen und Ideen. Die Menschen an der Spitze des Unternehmens müssen Vertrauen geben, damit sie Vertrauen in Anspruch nehmen können. Damit ist keine »naive« Vertrauenskultur gemeint, die auf jede Art von Kontrolle verzichtet. Kontrollen sollten ein transparenter Bestandteil des Führungsprozesses sein und dabei auf die essentiellen Punkte beschränkt werden. Wer Vertrauen missbraucht, muss gehen.

Ein wichtiges Element einer positiven Unternehmenskultur ist die Bereitschaft, sich mit den ungeschönten Realitäten auseinanderzusetzen und keinen »Rosa-Filter« zu verwenden. In Unternehmen, in denen die Tendenz besteht, bestimmte Realitäten als unerwünscht zu brandmarken, kommt es allmählich zu einer Verzerrung von Informationen. Unerwünschte Informationen, also solche, die nicht in das Weltbild passen, werden durch den »Rosa-Filter« ausgeblendet. Dieser Effekt verstärkt sich dann oftmals noch von Hierarchiestufe zu Hierarchiestufe. Bis die kritische Information an die Spitze gelangt, ist sie so

Leitbild des Ehrbaren Kaufmanns im Verständnis der Versammlung Eines Ehrbaren Kaufmanns zu Hamburg e.V.

Der Ehrbare Kaufmann als Person: Welchen Werten ist er verpflichtet?

Der Ehrbare Kaufmann ist weltoffen und freiheitlich orientiert.

Der Ehrbare Kaufmann steht zu seinem Wort, sein Handschlag gilt.

- Er gewährt und fordert kaufmännisches Vertrauen.
- Für ihn gilt: fair verhandeln, pünktlich leisten, korrekt abrechnen.

Der Ehrbare Kaufmann entwickelt kaufmännisches Urteilsvermögen.

- Er hat ein fundiertes wirtschaftliches Wissen, das ihn befähigt, seine Geschäfte erfolgreich zu führen.

[...]

Erfolg ist kein Gradmesser für Ehrbarkeit, weder im positiven noch im negativen Sinne. Für den Ehrbaren Kaufmann sind die beiden Begriffe „Ehrbar" und „Kaufmann" jedoch untrennbar miteinander verbunden. Der kaufmännische Sinn für Realitäten und die Orientierung an ethischen Werten müssen zusammenspielen.

Der Ehrbare Kaufmann in seinem Unternehmen: Bedingungen für ehrbares Handeln schaffen

Der Ehrbare Kaufmann ist Vorbild in seinem Handeln.

- Er läßt sich erkennbar von seinen Werten leiten, auch in schwierigen Situationen.

Der Ehrbare Kaufmann schafft in seinem Unternehmen die Voraussetzungen für ehrbares Handeln.

- Er wirkt auf die Organisation ein und gibt vor, dass seine Maximen gelebt werden.
- Er gibt die Werte des Ehrbaren Kaufmanns an folgende Generationen weiter.

Der Ehrbare Kaufmann legt sein unternehmerisches Wirken langfristig und nachhaltig an.

- Er reflektiert die Folgen seines Handelns für sein Unternehmen und sein Umfeld.

Ein Vorbild im Unternehmen zu sein bedeutet nicht, belehrend oder moralisierend aufzutreten. Es geht vielmehr um persönliche Authentizität, die aus einer inneren und konsequent gelebten Überzeugung stammt.

[...]

Rücksichtsloses Verhalten von Unternehmern oder Managern akzeptiert die Gesellschaft nicht. Dauerhafte Anerkennung erhält die Unternehmerschaft nur dann, wenn der individuelle Gewinn im Einklang mit der Leistung für Unternehmen und Gesellschaft steht.

Der Ehrbare Kaufmann in Wirtschaft und Gesellschaft: Den Rahmen für ehrbares Handeln begreifen und gestalten

Der Ehrbare Kaufmann hält sich an das Prinzip von Treu und Glauben.

-   Treu und Glauben verpflichten zu einer Rücksichtnahme auf die berechtigten Interessen anderer und zu einem redlichen und loyalen Verhalten im Geschäftsverkehr. Nicht alles, was rechtlich zulässig ist, ist auch ehrbar!

Der Ehrbare Kaufmann erkennt und übernimmt Verantwortung für die Wirtschafts- und Gesellschaftsordnung.

-   Er sieht die Wirtschafts- und Gesellschaftsordnung als notwendigen Rahmen für sein Handeln an.

-   Er tritt für Freiheit, soziale Sicherheit und Wahrung der Menschenwürde ein.

Der Ehrbare Kaufmann tritt auch im internationalen Geschäft für seine Werte ein.

-   Als kritischer Partner sucht er Einfluss auf abweichende Praktiken.

Es kann und soll nicht jedes Detail des Wirtschaftslebens durch Gesetze geregelt werden. Die Einhaltung ungeschriebener Regeln des Anstands innerhalb des gesetzlichen Rahmens ist daher nicht nur ethisch, sondern auch volkswirtschaftlich richtig.

Die soziale Marktwirtschaft hat sich als die Gesellschaftsordnung erwiesen, die am ehesten geeignet ist, das größtmögliche Wohl für die meisten Menschen zu schaffen. Gleichwohl ist sie weder unangefochten noch in allen Einzelheiten exakt definiert. Sie muss daher auch außerhalb der Parteipolitik möglichst breit und mit Überzeugung getragen werden. Die Kaufleute und ihre Organisationen spielen dabei eine wesentliche Rolle.

Im internationalen Geschäft gibt es für ethische Dilemmata keine einfachen Rezepte. So kann etwa das Verständnis von Umweltstandards oder menschenwürdigen Arbeitsbedingungen höchst unterschiedlich sein. Nur mit Respekt und interkultureller Kompetenz kann Vertrauen aufgebaut werden, das Einflussnahme durch Überzeugung ermöglicht. Ein besonderes Ziel der VEEK ist es, der Korruption entgegenzuwirken. Die Bekämpfung von kriminellen Strukturen ist jedoch vor allem eine Aufgabe der Staaten und der Staatengemeinschaften.

Abb. 29: Leitbild des Ehrbaren Kaufmanns (Quelle: Versammlung Eines Ehrbaren Kaufmanns zu Hamburg e.V., 2012)

stark verwässert, dass sie kaum noch Aussagekraft besitzt. Es entsteht ein trügerisches Gefühl der Harmonie und Selbstzufriedenheit (»Na sehen Sie, geht doch …«). Eine derartige Kultur der Selbstgefälligkeit kann auch immer wieder bei marktführenden Unternehmen beobachtet werden und stellt auf Dauer eine existenzbedrohende Gefahr dar.

Empfehlung: Vertrauen und Wahrheit als Grundlage der Unternehmensführung.

2. Kritischer Input von außen

Meinungen von außen sind wie frische Luft, die durch ein geöffnetes Fenster kommt. Und dieses Fenster muss geöffnet sein. Im Fall Schlecker war es nicht offen. Dort war eine Mauer. Auch hier gilt das Bild von »Anton Schlecker: Milliardär hinter Mauern«.

Wie kann speziell ein Familienunternehmen »Luft« hineinlassen? Dafür gibt es verschiedene formelle und informelle Möglichkeiten. Ein empfehlenswerter Weg ist die Einrichtung eines Beirates mit externen Mitgliedern. Es müssen Personen sein, die kritische Fragen stellen und andersartige Perspektiven einbringen können. Die Diversität der Erfahrungen und Meinungen kann neue, wichtige Impulse geben. Zu denken ist an eine kleine Gruppe von vier bis fünf Personen, die die Ernsthaftigkeit ihrer Aufgabe verstehen und mit der Eigentümerfamilie einen vertrauensvollen und zugleich kritisch-offenen Austausch führen können.

Von dem Wirtschaftsprüfungs- und Beratungsunternehmen Deloitte wurde 2010 gemeinsam mit dem Deloitte Mittelstandsinstitut an der Universität Bamberg eine Studie zu »Beiräten im Mittelstand« durchgeführt.[116] Rund die Hälfte der 206 Unternehmen in der Studie verfügte bereits über einen Beirat. Die Rückmeldungen dieser Unternehmen belegen die positive Wirkung des Gremiums: 78 Prozent schätzen die Bedeutung des Beirats für die Unternehmensführung als hoch oder sogar sehr hoch ein.

Nach Erkenntnissen der Studie sind die positiven Wirkungen eines Beirats direkter und indirekter Natur. Zu den indirekten Wirkungen zählt, dass Kreditinstitute einem Unternehmen mit Beirat tendenziell ein niedrigeres Risiko als vergleichbaren Unternehmen ohne Beirat zuordnen. Dies führt in der Konsequenz dann oftmals zu günstigeren Kreditkonditionen. Bei Unternehmen mit Beiräten sind aber insbesondere direkte Erfolgswirkungen aus der Beiratsarbeit anzutreffen:

> Diese werden von den Befragten auf mehrere Aspekte zurückgeführt: Zunächst sehen sie eine Steigerung der Entscheidungsqualität durch externe Empfehlungen und Handlungsanweisungen. Zudem könne der Beirat durch seine Tätigkeit die Klarheit (Transparenz) und Nachhaltigkeit des Handelns erhöhen. Durch Vorgabe von Strategien und Zielen für die Unternehmensführung wird die Zielorientierung des gesamten Unternehmens im Hinblick auf die unternehmerischen Oberziele »Sicherung der Überlebensfähigkeit«, »Wert- und Werteorientierung« sowie »Erhalt als Familienunternehmen« sichergestellt. [...]
>
> Neben den direkt erfolgssteigernden Wirkungen verweisen die befragten Experten vor allem auf die Risikopräventionswirkung des Beirats. Auch wenn dieser den Erfolg des Unternehmens mitunter nur mäßig steigert, bietet die Existenz eines gut funktionierenden Beirats doch eine gewisse Sicherheit vor Unternehmenskrisen.[117]

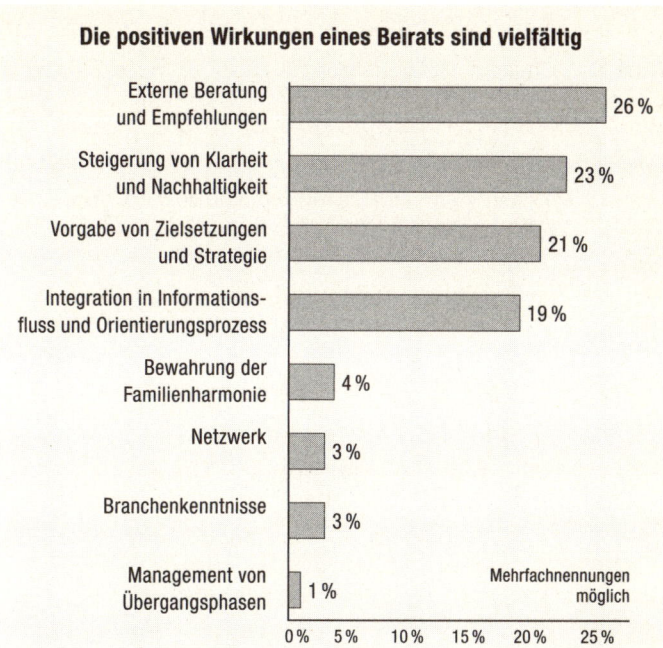

Die positiven Wirkungen eines Beirats sind vielfältig

Externe Beratung und Empfehlungen — 26 %

Steigerung von Klarheit und Nachhaltigkeit — 23 %

Vorgabe von Zielsetzungen und Strategie — 21 %

Integration in Informationsfluss und Orientierungsprozess — 19 %

Bewahrung der Familienharmonie — 4 %

Netzwerk — 3 %

Branchenkenntnisse — 3 %

Management von Übergangsphasen — 1 %

Mehrfachnennungen möglich

0 % 5 % 10 % 15 % 20 % 25 %

Abb. 30: Positive Wirkungen der Beiratsarbeit auf den Unternehmenserfolg (Quelle: Deloitte, 2010)

Abbildung 30 zeigt Ergebnisse der Studie, auf die im Zitat Bezug genommen wird.

Bei den Recherchen für diese Publikation fanden sich keine Hinweise auf ein Beirats-Gremium im Hause Schlecker. Ein Beirat hätte genau den Input geben können, wie er angesichts der Herausforderungen für Anton Schlecker und sein Unternehmen dringend notwendig gewesen wäre. Die Sichtweisen waren erkennbar zu lange eindimensional in den bisherigen Denkstrukturen verhaftet. Das Festhalten an widersinnigen Kennzahlen, wie dem Marktanteil auf Basis von »Eingangstüren«, ist Ausdruck einer solch abgekapselten Weltsicht.

Ebenfalls ist bemerkenswert, wie isoliert das Unternehmen in gesellschaftlicher Hinsicht in entscheidenden Phasen war. Der »Milliardär hinter Mauern« hielt es nicht für notwendig, sich in erkennbarer Weise gesellschaftlich zu engagieren. Damit fehlte ihm die Rückkopplung aus Gesprächen, die sich mit einem solchen Engagement verbindet. Und es fehlte ihm daher auch eine öffentliche Stimme, die ihn in der Phase nach Meniar hätte unterstützen können.

Empfehlung: Beirat für Familienunternehmen, persönliches Engagement in gesellschaftlichen Organisationen.

3. Uhren bauen statt Zeit ansagen

In einem Klassiker der Management-Literatur haben Jim Collins und Jerry Porras die Unterschiede zwischen erfolgreichen und nicht erfolgreichen Firmen einer Branche untersucht. Ihr Buch trägt den Titel: *Built to Last: Successful Habits of Visionary Companies.*[118] Dieser Titel bringt die zentrale Erkenntnis zum Ausdruck: In langfristig erfolgreichen Unternehmen werden Strukturen aufgebaut, die das Unternehmen unabhängiger von Einzelpersonen machen. Das Symbol dafür ist die Uhr, die es verschiedenen Menschen ermöglicht, sich die notwendige Information und Orientierung zu holen. Die Uhr wird für die Menschen im Unternehmen gebaut und sie erhalten Training, wie die Zeit abgelesen wird.

Den Gegensatz bildet ein Unternehmen, das nach dem Prinzip der Zeitansage arbeitet (»time telling«). Hier ist es ein Individuum an der Spitze, das über die Informationen zur Uhrzeit verfügt. Nur mit dessen Hilfe kann die Zeit ermittelt bzw. ein geschäftliches Problem verstanden und gelöst werden. Starkes Dominanzstreben und Personenkult sowie unstrukturierte

Strategieentwicklung sind typische Merkmale einer solchen Situation. Ebenso wird oftmals die systematische Entwicklung von Nachwuchsführungskräften vernachlässigt. Im Kern betrifft dies somit Fragen des Führungssystems, auch als »Führungsinfrastruktur« des Unternehmens bezeichnet.

Geht die Person an der Spitze, ohne ein entsprechendes Führungssystem aufgebaut zu haben, dann kommt das Unternehmen oftmals in schwere Turbulenzen. Es entsteht, so Collins und Porras, dann mitunter die paradoxe Situation, dass die frühere Führungskraft dies als Beweis für die eigene Unentbehrlichkeit ansieht: »Schaut, solange ich an der Spitze war, lief das Geschäft!«

In nachhaltig erfolgreichen Unternehmen wird – genau um solche Situationen zu vermeiden – großer Wert auf die kontinuierliche Verbesserung des Führungssystems gelegt.

Empfehlung: Gute Führungskräfte an der Spitze eines Unternehmens bauen Uhren.

4. Professionalität im strategischen Management

Die Professionalität im strategischen Management ist ein spezieller Aspekt von »Uhren bauen«. In der Unternehmensführung ist eine Kombination aus Fakten und unternehmerischer Intuition erforderlich. Die Betonung liegt auf dem »und«. Es sollte das Grundprinzip gelten, dass zuerst die Fakten ermittelt werden und dann Erfahrung und Intuition zum Einsatz kommen. Unternehmerische Entscheidungen betreffen komplexe Sachverhalte, die sich einer vollständigen rationalen Lösung entziehen.[119] Zusätzlich zu den Fakten sind Erfahrung und Intuition wichtige Bausteine, um eine ganzheitliche Entscheidung treffen zu können.

Erfahrene Führungskräfte arbeiten dabei oft nach dem Prinzip der Mustererkennung. Dazu erfolgt der Abgleich des aktuellen Problems mit Problemen, die in der persönlichen Berufshistorie bereits einmal aufgetreten sind. Das aktuelle und das frühere Problem werden dazu auf ihre typischen Merkmale reduziert, um einen Abgleich durchzuführen. Wird eine prinzipielle Gleichheit ermittelt, dann ist die früher erfolgreiche Lösung auch die plausible Handlungsempfehlung für das aktuelle Problem.

Wird allerdings diese Mustererkennung ohne hinreichende Faktenbasis durchgeführt, dann besteht die Gefahr, dass neue strategische Muster nicht erkannt werden. Etwaige Abweichungen werden dann uminterpretiert, damit sie wieder passend zu den früheren Erfahrungen sind. Plakativ kommt dies in einem amerikanischen Sprichwort zum Ausdruck: »To a man with a hammer everything looks like a nail.«

Die Empfehlung lautet daher, die notwendigen Ressourcen in den strategischen Managementprozess zu investieren. Hier können oftmals schon mit einer kleinen Abteilung hochprofessionelle Unterstützungsleistungen erbracht werden.[120] Auch der gezielte Einsatz von Strategieberatern kann wichtige Impulse geben. Vor allem aber sollten sich die Führungskräfte an der Spitze auch selbst in Fragen des strategischen Managements weiterbilden. Denn die Fähigkeit zu gutem strategischen Management ist wie ein Werkzeug, das immer wieder geschärft werden muss.

Empfehlung: In Köpfe und Know-how im strategischen Management investieren.

5. Entscheiden, so lange entschieden werden kann

Eine der Lehren, die für die Unternehmensführung gezogen werden kann, ist so trivial, dass sie eigentlich keiner besonderen Erwähnung bedürfen sollte. Und doch tritt der Fehler des Nicht-Entscheidens offensichtlich immer und immer wieder auf. Um Entscheidungen treffen zu können, ist eine entsprechende Vorbereitung notwendig. Dies zielt in Richtung der oben gegebenen Empfehlung für einen professionellen Prozess und hinreichende Ressourcen für das strategische Management. Die Entscheidung liegt aber stets in der Hoheit von Führungskräften.

Was bei Entscheidungen oftmals übersehen wird, ist die Veränderung der Zeitfenster. Nicht jede Entscheidung ist noch zu einem späteren Zeitpunkt möglich. Dies ist kein Plädoyer für das Entscheiden unter Zeitdruck, ganz im Gegenteil. Um genau diese ungünstige Konstellation zu vermeiden, ist die entsprechende Kontinuität in der strategischen Arbeit unerlässlich. Wenn dann aber die Fakten auf dem Tisch liegen, dann müssen auch Entscheidungen getroffen werden. Für den Schlecker-Fall ist bezeichnend, dass wichtige Entscheidungen zu lange nicht getroffen wurden. Wie wir gesehen haben, waren spätestens 2006 hinreichende Informationen verfügbar, die das Ausmaß der strategischen Bedrohung zeigten. Aussagen von Anton Schlecker deuten an, dass er selbst die Probleme ab 2004 zu sehen beginnt. Es bestand also hinreichend Zeit, um Entscheidungen zu treffen – die aber zu lange ungenutzt blieb.[121]

Eine Möglichkeit, die Entscheidungen zu erleichtern, kann darin bestehen, in Teilschritten vorzugehen. Es wird dann nicht über das Gesamtvorhaben als Ganzes entschieden, sondern phasenweise vorgegangen. Erweist sich eine Entscheidung als Fehlgriff, dann kann sie leichter wieder gestoppt werden. Bei den Untersuchungen zu deutschen Wachstums-Champions war dieses Vorgehen in ausgeprägter Weise bei Vapiano anzutreffen. Das Unternehmen ist ein außergewöhnlich erfolgreiches Unternehmen der Systemgastronomie. Bevor es mit dem Ausrollen des Konzeptes begann, wurde dieses erst in einigen wenigen Städten optimiert. Erst nachdem das Konzept in sich rund war, erfolgte die Expansion in andere Regionen.

Empfehlung: Mut zu Entscheidungen und Mut zu Korrekturen.

6. Die vollen und die besten Ressourcen für die Strategie bereitstellen

Wenn klar ist, dass sich das Unternehmen mit der Strategie auf dem richtigen Weg befindet, dann sollte diese auch mit voller Kraft verfolgt werden. Dem Austesten in der ersten Phase und der Verfeinerung der Strategie muss dann ein entschlossenes Ausrollen folgen.

In seinem Interview von 2010 stellt Anton Schlecker fest, dass viele der Aktionen »einfach kleinkariert« waren. Es mutet schon fast tragisch an, dass dieses Unternehmen unter »normalen« Umständen zu wenig investierte, dann aber bei der verhängnisvollen Meniar-Strategie einen vollen Krafteinsatz zeigte. Wir wollen uns aber auf den Fall einer Strategie mit hoher Qualität konzentrieren. Wenn diese zum Erfolg geführt werden soll, dann müssen wir die beschriebene Verbindung von Strategiequalität und Umsetzungsqualität berücksichtigen: Erfolgreiche Strategie = Qualität der Strategie × Qualität der Umsetzung.

Die Qualität der Umsetzung steht dabei in direkter Beziehung zu den eingesetzten Ressourcen. Setzen wir die besten

Kräfte und genügend Geld wirklich ein oder versuchen wir eher halbherzig die Dinge zu lösen und wundern uns dann über den ausbleibenden Erfolg? Die besten Kräfte heißt im Übrigen nicht einfach die besten Kräfte aus dem eigenen Unternehmen. Je radikaler die neue Strategie von den bisherigen Wegen abweicht, umso weniger werden wir die notwendigen Kräfte im eigenen Unternehmen finden. Dieser Ansatz findet sich ja auch in der Endphase des Schlecker-Imperiums, als z. B. ein Unternehmensberater hinzugezogen wird.

Für alle Unternehmen, ganz speziell aber für diejenigen, die sich in einer Aufholjagd befinden, gilt es, die vollen und die besten Ressourcen bereitzustellen. Selten führen Halbherzigkeiten zum Erfolg. So hat auch Jim Collins bei der Untersuchung von besonders erfolgreichen Unternehmen ein spezielles Muster vorgefunden: »Die Take-off-Unternehmen setzten ihre besten Leute immer dort ein, wo sie die größten Entwicklungsmöglichkeiten vermuteten – und nicht etwa dort, wo es Probleme gab.«[122]

Empfehlung: Strategieumsetzung: Klotzen, nicht kleckern bei Qualität und Menge.

7. Mit der Öffentlichkeit professionell kommunizieren

Der Fall von Anton Schlecker hat exemplarisch gezeigt, welche Folgen eintreten können, wenn ein Unternehmen in eine schwere Imagekrise gerät. Letztlich ist Image untrennbar mit Vertrauen verbunden. In der ersten Empfehlung wurde schon das Thema des Schaffens von Vertrauen, vor allem nach innen, angesprochen. Aber zunehmend muss auch die Öffentlichkeit das Handeln des Unternehmens verstehen.

Bei einem Schlecker-Bekanntheitsgrad von weit über 90

Prozent hätte dem Inhaber Anton Schlecker klar sein müssen, dass sein Handeln auf großes Interesse stoßen würde. Für viele kleinere und mittlere Unternehmen ist die Bedeutung der öffentlichen Meinung dagegen nicht unmittelbar zu erkennen. Aber auch hier besitzt die Kommunikation an die Öffentlichkeit eine steigende Bedeutung. Was sich unterscheidet, das ist der Adressatenkreis. Dort, wo Schlecker bundesweit hätte kommunizieren müssen, sieht die Zielgruppe bei kleinen und mittleren Unternehmen anders aus. Hier stehen oftmals die Region und die Kommunen im Vordergrund. Aber auch Geschäftspartner, wie z. B. Banken, sind wichtige Adressaten. Wer rechtzeitig über seine Geschäftslage und seine Vorhaben informiert, wird in seinem Handeln berechenbar und schafft Vertrauen. Es wird auch hier auf ein »Konto« eingezahlt, von dem in schwierigen Zeiten abgehoben werden kann.

Eine besondere Bedeutung besitzt in diesem Zusammenhang die Kommunikation in Richtung Medien. Denn die Öffentlichkeit erhält den Großteil ihrer Informationen von dort. Wenn kein Kontakt zu Medien aufgebaut wurde, dann kann es zu einem solchen Kommunikations-GAU kommen wie im Falle von »Schlecker hält seine Kunden für blöd«.

Was Kommunikation voraussetzt, sind Bereitschaft und Fähigkeit. Die grundsätzliche Bereitschaft muss vom Unternehmen kommen, und zwar direkt von der Unternehmensspitze. Wenn diese Bereitschaft zur Kommunikation vorhanden ist, können auch Defizite bei den Fähigkeiten durch externe Unterstützung gelöst werden.

Empfehlung: Kommunikation professionell durchführen, unterstützen lassen.

8. Den richtigen Zeitpunkt zum Gehen finden

Eine der schwierigsten Entscheidungen für erfolgreiche Unternehmer ist sicherlich der Zeitpunkt, an dem er oder sie das Unternehmen übergibt. Nachdenklich stimmen muss die Aussage eines Beraters für Firmenkäufe und -verkäufe von Familienunternehmen. Am Rande eines Seminars sagte er mir: »Unternehmen, in denen der Inhaber 60+ ist, wollen wir erst gar nicht für einen Verkauf beraten. Wer sich bis dahin nicht zurückziehen konnte, will meistens gar nicht loslassen.« Diese Aussage beleuchtet die Schlüsselfrage, wann der richtige Zeitpunkt für das Loslassen ist.

Es ist besser für alle Beteiligten, wenn die Übergabe zu einem Zeitpunkt stattfindet, in dem das Unternehmen sich in einer erfolgreichen Phase befindet. Es ist eine Situation, bei der die Belegschaft typischerweise sagen wird: »Schade, dass er schon geht. Wir sind doch zurzeit so erfolgreich. Ein paar Jahre wären doch noch drin gewesen.«

Wird der richtige Zeitpunkt verpasst, dann erfolgt der Abgang in einer kritischen Phase des Unternehmens. Die erfolgreichen Jahre und Jahrzehnte des Aufbaus, der langen und harten Arbeit werden dann überschattet von der Situation des Niedergangs. Und die Reaktion der Belegschaft lautet dann eher: »Das war doch längst überfällig. Die Zeiten haben sich geändert und mit den alten Rezepten kann man einfach nicht mehr erfolgreich sein. Er wollte das einfach nicht wahr haben.« Und noch schlimmer: Da sich das Unternehmen in einer schwierigen Phase befindet, sind die Fehlertoleranzen für die nächste Generation sehr klein.

Im Interview von 2010 antwortet Anton Schlecker, der 65-jährige Unternehmer, auf die Frage nach seinem Ruhestand:

Anton Schlecker: Ich sehe keinen Anlass abzudanken. Ich bin topfit, beim Tischtennis kann ich noch mit den jungen Leuten mithalten. Morgens um 6.45 Uhr sitze ich im Büro. Meine Frau kommt meist ein bisschen später. Abends um 19 Uhr gehen wir dann wieder nach Hause. Unsere Arbeit ist unser Leben.[123]

Wahrscheinlich ist Anton Schlecker kein Einzelfall in deutschen Familienunternehmen. Notwendig ist ganz offensichtlich eine neue Sinngebung für die Phase nach dem aktiven Arbeitsleben. Diese könnte vor allem im sozialen oder kulturellen Bereich liegen. Erfahrungen bei anderen Familienunternehmern zeigen, dass sie hierdurch in der neuen Phase ihres Lebens besondere Motivation erhalten. Die Unternehmerinterviews für das Buch *Wachstums-Champions* lieferten eine Fülle von beeindruckenden Beispielen für das soziale Engagement von Unternehmern und Unternehmerinnen.[124] Die Möglichkeit, den finanziellen Erfolg auch zum Gemeinwohl einzusetzen, kann diese tiefgreifende, sinnstiftende Wirkung entfalten.

Empfehlung: Im Erfolg gehen, neue Horizonte entdecken.

QUELLEN

AFP GmbH Agentur für Projektmanagement: »Referenzen«.
Auf: http://www.afp-group.eu/referenzen.html, 11.04.2012.

Alter, Roland: *Strategisches Controlling – Unterstützung des strategischen Managements*. München 2011.

Alter, Roland / Kalkbrenner, Christian: *Die Wachstums-Champions: Made in Germany*. Göttingen 2010.

Amann, Melanie: »Lars Schlecker – ›Bei uns muss keine Kassiererin schuften‹«, 14.06.2011. Auf: http://www.faz.net/artikel/C31151/lars-schlecker-bei-uns-muss-keine-kassiererin-schuften-30438029.html, 14.06.2011.

ARD: »Die großen Kriminalfälle – Die Schlecker-Entführer«.
Ein Film von Roland May, Erstausstrahlung: 16.02.2004.
Auf: http://www.youtube.com/watch?v=oiRxqw_UAPo, 30.01.2012.

ARD: »Trotz Kündigungsschutz: Arbeitgeber feuern nach Belieben«.
In: *Panorama*, Sendung v. 16.04.2009. Auf: http://daserste.ndr.de/panorama/archiv/2009/panorama-kuendigungsschutz100.html, 30.03.2012.

Arquis Rechtsanwälte: »Newsletter Arbeitsrecht II/2011«. Auf: http://www.arqis.com/content2/cms/upload/PDF_2011/Arbeitsrecht_II-2011.pdf, 31.03.2012.

Axel-Springer-Preis für junge Journalisten: »Aus der Laudatio Fernsehen von Bettina Schausten«. Auf: http://www.axel-springer-preis.de/fileadmin/docs/asp2010/laudationes/100517_laudatio-fernsehen.pdf, 31.03.2012.

BDA – Bundesvereinigung der Deutschen Arbeitgeberverbände: »Soziale Marktwirtschaft – Die Soziale Marktwirtschaft stellt den Menschen in den Mittelpunkt«. Auf: http://www.bda-online.de/www/arbeitgeber.nsf/id/13F7775D135CB36FC12574F0003E51C8?open&ccm=800, 19.03.2012.

Beck, Kurt: »Antrag der Länder Rheinland-Pfalz, Bremen – Entschließung des Bundesrates gegen die Verdrängung oder Ersetzung von Stammbelegschaften durch die Beschäftigung von Leiharbeitnehmerinnen und Leiharbeitnehmern, 04.02.2010, Bundesrat Drucksache 62/10«, 04.02.2010. Auf: http://ig-zeitarbeit.de/system/files/Bundesrat-Zeitarbeit.pdf, 18.03.2012.

Berger, Roland: »HS Merseburg – SSP Finance«. Auf: www.hs-merseburg.de/.../2009-01-12_Vorlesung_Merseburg_Handout.pdf, 19.12.2009.

Berger, Annette: »'For You. Vor Ort‹ – Schlecker hält eigene Kunden für blöd«, 26.10.2011. Auf: http://www.ftd.de/unternehmen/handel-dienstleister/:for-you-vor-ort-schlecker-haelt-eigene-kunden-fuer-bloed/60120992.html, 17.03.2012.

Biehl, Bernd: »Wir sind immer noch da«. In: *Lebensmittel Zeitung*, 61. Jg., H. 43, 2009, S. 27.

Biehl, Bernd: »Erneuter Neustart«. In: *Lebensmittel Zeitung*, 62. Jg., H. 46, 2010, S. 32.

Bormann, Sarah: *Angriff auf die Mitbestimmung – Unternehmensstrategien gegen Mitbestimmung – der Fall Schlecker*. Berlin 2007.

Brenner, Jochen: »PR-Desaster bei Drogerie-Kette – Ad von Schleck«, 26.10.2011. Auf: http://www.spiegel.de/panorama/gesellschaft/pr-desaster-bei-drogerie-kette-ad-von-schleck-a-794119.html, 04.03.2012.

Brigitte: »Karriere – Das anonyme Gespräch: Ich werde bespitzelt!«. Auf: http://www.brigitte.de/producing/pdf/bespitzelt.pdf, 06.03.2012.

Buchenau, Martin-W.: »Anton Schlecker: Milliardär hinter Mauern«, 26.10.2009. Auf: http://www.handelsblatt.com/unternehmen/management/koepfe/anton-schlecker-anton-schlecker-milliardaer-hinter-mauern/3288058.html, 30.03.2012.

Bürgermeisteramt Hügelsheim: »Merkblatt zum Bauplatzantrag im Baugebiet ›Unten an der Landstraße II‹ im ›Allgemeinen Wohngebiet‹ (WA), Stand: 19.10.11«. Auf: http://www.huegelsheim.de/cm/upload/32_14_Merkblatt.pdf, 12.04.2012.

Buffett, Warren: »Quotes«, zitiert nach: o.V.d: »52 Must Read Quotes from Legendary Investor – Warren Buffett«. Auf: http://investing-school.com/history/52-must-read-quotes-from-legendary-investor-warren-buffett, 17.03.2012.

Bundesanzeiger: »Anton Schlecker e.K., Ehingen Donau, Konzernabschluss zum Geschäftsjahr vom 01.01.2009 bis zum 31.12.2009«, 03.06.2011. Auf: https://www.bundesanzeiger.de/ebanzwww/wexsservlet?session.sessionid=86904e82780fdc19077459d1b4b3008f&page.navid=detailsearchlisttodetailsearchdetail&fts_search_list.selected=0c80a5e254b7313e&fts_search_list.destHistoryId=37085, 05.04.2012.

Bundesanzeiger: »Anton Schlecker e.K., Ehingen Donau, Konzernabschluss zum 31.12.2010«, 14.02.2012. Auf: https://www.bundesanzeiger.
de/ebanzwww/wexsservlet?session.sessionid=86904e82780fdc19077459
d1b4b3008f&page.navid=detailsearchlisttodetailsearchdetail&fts_
search_list.selected=9de8110bca37371f&fts_search_list.destHisto-
ryId=73718, 05.04.2012.

Bundesarbeitsgericht: »Pressemitteilung Nr. 93/10 – Die CGZP kann keine
Tarifverträge schließen, Beschluss vom 14. Dezember 2010 – 1 ABR
19/10«. Auf: http://juris.bundesarbeitsgericht.de/cgi-bin/rechtspre-
chung/document.py?Gericht=bag&Art=en&Datum=2010&nr=14828&l
inked=pm&titel=_Die_CGZP_kann_keine_Tarifverträge_schließen,
28.03.2012.

BDA – Bundesvereinigung der Deutschen Arbeitgeberverbände: »Soziale
Marktwirtschaft«. Auf: http://www.bdaonline.de/www/arbeitgeber.nsf/
id/13F7775D135CB36FC12574F0003E51C8?open&ccm=800, 19.03.2012.

Buschmann, Holger: *Erfolgreiches Turnaround-Management: Empirische
Untersuchung mit Schwerpunkt auf dem Einfluss der Stakeholder.*
Wiesbaden 2006.

BZA: »Pressemitteilung – Nutzung von Zeitarbeit durch Schlecker –
Schlecker schadet dem Image der Branche«, 08.01.2010. Auf: http://
www.bza.de/fileadmin/bilder/downloads-/100108_Schlecker.pdf,
24.03.2012.

Collins, Jim / Porras, Jerry I.: *Built to Last: Successful Habits of Visionary
Companies.* New York 1997.

Collins, Jim: *Der Weg zu den Besten – Die sieben Management-Prinzipien
für dauerhaften Unternehmenserfolg.* München 2003.

Deloitte: »Beiräte im Mittelstand, Stand 08/2010«. Auf: http://www.
uni-bamberg.de/fileadmin/uni/fakultaeten/sowi_lehrstuehle/
unternehmensfuehrung/Deloitte.Mittelstandsinstitut/Deloitte_Studie_
Beiraete.pdf, 09.04.2012.

Deutscher Bundestag: »Plenarprotokoll 17/6, Deutscher Bundestag, Steno-
grafischer Bericht, 6. Sitzung, Berlin, Mittwoch, den 25. November 2009«.
Auf: http://dip21.bundestag.de/dip21/btp/17/17006.pdf, 24.03.2011.

Diekmann, Florian: »Der Pleite-Plan des Schlecker-Clan«, 23.01.2012. Auf:
http://www.spiegel.de/wirtschaft/unternehmen/0,1518,810937,00.html,
07.04.2012.

Dillerup, Ralf / Stoi, Roman: *Unternehmensführung*, 3. Aufl. München
2011.

Dreyer, Malu: »Rede von Frau Staatsministerin Malu Dreyer zu TOP
56 – Entschließung des Bundesrates gegen die Verdrängung oder
Ersetzung von Stammbelegschaften durch die Beschäftigung von
Leiharbeitnehmerinnen und Leiharbeitnehmer«, 12.02.2010.

Auf: http://www.koerperspd.de/homepage/content/2010/
pdfs/c_2010-02-22_leiharbeit-dreyer.pdf, 06.03.2012.

ECE: »Liste der Center«. Auf: http://www.ece.de/de/geschaeftsfelder/
shopping/listedershoppingprojekte, 09.04.2012.

Eisert, Rebecca / Rettig, Daniel: »Image-Analyse – ›Die Marke Schlecker
ist verbrannt‹«, 24.01.2012. Auf: http://www.wiwo.de/unternehmen/
handel/image-analyse-die-marke-schlecker--ist-verbrannt/6104018.
html, 26.01.2012.

Eisert, Rebecca: »Das Ende von Schlecker ist besiegelt«, 01.06.2012.
Auf: http://www.wiwo.de/unternehmen/handel/drogeriemarktdrama-
drogeriemarkt-im-ausverkauf/6699644-2.html, 24.07.2012.

Flaig, Imelda: »Keine Verträge mehr mit Meniar«, 12.01.2009.
Auf: http://www.stuttgarter-nachrichten.de/inhalt.lohndumping-
vorwuerfe-politik-nimmt-schlecker-ins-visier.b0036c4c-a592-467e-
9dea-8754e5a19013.html, 31.03.2012.

Frener, Rebecca / Ronke, Christiane: »Himmelblau«. In: *Lebensmittel
Zeitung*, 61. Jg., H. 12, 2009, S. 29.

Giersberg, Georg: »Schlecker entlässt die Hälfte der Mitarbeiter«,
29.02.2012. Auf: http://www.faz.net/aktuell/wirtschaft/drogeriekette-
schliesst-jede-zweite-filiale-schlecker-entlaesst-die-haelfte-der-mitar-
beiter-11666732.html, 05.04.2012.

Hägler, Max: »Schlecker entlässt fast 12.000 Mitarbeiter«, 29.02.2012. Auf:
http://www.sueddeutsche.de/wirtschaft/drogeriekette-wird-radikal-
saniert-schlecker-entlaesst-fast-mitarbeiter-1.1296921, 07.04.2012a.

Hägler, Max: »Razzia in der Schlecker-Villa«. In: *Süddeutsche Zeitung*,
68. Jg., Nr. 165, 2012b, S. 17.

Hage, Simon / Werres, Thomas: »Antons Endspiel«. In: *manager magazin*,
41. Jg. H. 1, 2012, S. 44 ff.

Hage, Simon / Hirn, Wolfgang: »Antons Ende«. In: *manager magazin*,
41. Jg., H. 4, 2012, S. 38 ff.

Helmer, Erwin: »Offener Brief an die Schlecker Konzernleitung und
Verkaufsleitung Südbayern: Hunderte von Schlecker-Beschäftigten
verlieren ihre Existenzgrundlage – 5 Fragen an Herrn Schlecker«,
22.09.2009. Auf: http://www.kab-augsburg.org/mm/Br_Schlecker_
Zentrale9_09_2.pdf, 06.03.2012.

Hielscher, Henryk: »Umsatzeinbruch bei Schlecker«, 05.06.2010.
Auf: http://www.wiwo.de/unternehmen-maerkte/umsatzeinbruch-bei-
schlecker-432154, 30.10.2010.

Hielscher, Henryk / Schumacher, Harald: »Schlecker verkauft zu teuer«,
25.02.2012. Auf: http://www.wiwo.de/unternehmen/handel/insolvente-
drogerie-kette-schlecker-verkauft-zu-teuer/6250116.html,
15.04.2012a.

Hielscher, Henryk / Schumacher, Harald: »Schlecker: Grobe Fehler bei der Rettung«, 09.06.2012. Auf: http://www.wiwo.de/unternehmen/handel/schlecker-grobe-fehler-bei-der-rettung/6725338.html, 23.07.2012b.

Hirn, Wolfgang / Jensen, Sören: »Jugendweihe«. In: *manager magazin*, 39. Jg., H. 12, 2010, S. 36–45.

Hirn Wolfgang / Schwarzer, Ursula: »›Wir wollen keinen Ärger‹«. In: *manager magazin*, 39. Jg., H. 2, 2010, S. 62–65.

Hirn, Wolfgang / Sucher, Jörn: »Schlecker – Letztes Aufgebot«, 25.03.2008. Auf: http://www.manager-magazin.de/magazin/artikel/0,2828,druck-531036,00.html, 28.05.2010.

HR: »Schlecker-Insolvenz – Wie sehen die Hessen das drohende Aus?«. In: *M€X*, Sendung v. 25.01.2012. Auf: http://www.hronline.de/website/fernsehen/sendungen/index.jsp?rubrik=71947&key=standard_document_43815797, 04.04.2012.

Hutzschenreuter, Thomas / Griess-Nega, Torsten (Hrsg.): *Krisenmanagement: Grundlagen, Strategien, Instrumente*. Wiesbaden 2006.

Jekosch, Matthias: »Für Schlecker tickt die Uhr«, 31.05.2012. Auf: http://www.fr-online.de/schlecker-insolvenz/schlecker-tochterfirma-verkauft-fuer-schlecker-tickt-die-uhr,11541316,16149626.html, 24.07.2012.

Kabel 1: »Lohndumping XL«. In: *K1 Magazin*, Sendung v. 10.09.2009. Auf: http://www.youtube.com/watch?v=WhR9oVMprfs&feature=results_video&playnext=1&list=PLE59B008B516C17C5, http://www.youtube.com/watch?v=-lAhYdvNuQc, 30.03.2012.

Kaiser, Tina: »Schlecker verschärft Kontrolle«, 25.09.2005. Auf: http://www.welt.de/print-wams/article132655/Schlecker_verschaerft_Kontrolle.html, 28.05.2010.

Kaufmann, Stephan: »Konzern erwirbt damit auch Berliner drospa-Läden – Schlecker kauft Drogeriemarktkette Ihr Platz«, 25.10.2007. Auf: http://www.berlinonline.de/berliner-zeitung/archiv/.bin/dump.fcgi/2007/1005/wirtschaft/0017/index.html, 28.05.2010.

Keun, Christian / Langer, Karsten: »Familie Schlecker – Knüppeln, knausern, kontrollieren«, 04.12.2003. Auf: http://www.manager-magazin.de/koepfe/unternehmerarchiv/0,2828,276910,00.html, 28.05.2010.

KPMG: »Consumer Markets & Retail – Einkaufsverhalten im Drogeriemarkt«, Köln 2006. Auf: http://www.kpmg.de/docs/einkaufsverhalten_im_Drogeriemarkt.pdf, 26.01.2012.

Krüger, Wilfried: *Excellence in Change: Wege zur strategischen Erneuerung*. 4. Aufl. Wiesbaden 2009.

Krystek, Ulrich: *Krisenarten und Krisenursachen*. In: Hutzschenreuter, Thomas / Griess-Nega, Torsten (Hrsg.): *Krisenmanagement: Grundlagen, Strategien, Instrumente*. Wiesbaden 2006, S. 41–66.

Krystek, Ulrich / Moldenhauer, Ralf: *Handbuch Krisen- und Restrukturie-*

rungsmanagement: Generelle Konzepte, Spezialprobleme, Praxisberichte. Stuttgart 2007.

Landau Media: »Reputation führender Drogeriemarktketten in Zeiten von Social Media - Medienanalyse-Studie von Landau Media, 2012«. Auf: www.landaumedia.de/.../Musteranalyse_Studienband_Schlecker.pdf, 01.04.2012.

Luhmann, Niklas: *Vertrauen: Ein Mechanismus der Reduktion sozialer Komplexität*. 2. Aufl. Stuttgart 1973.

Machatschke, Michael / Palan, Dietmar: »Tusch und Tränen«. In: *manager magazin*, 41. Jg., H. 2, 2012, S. 32–40.

Mende, Jan: »Schlecker kreiert weiteres Konzept«. In: *Lebensmittel Zeitung*, H. 31, 2010a. S. 10.

Mende, Jan: »Schlecker schreibt erneut Verluste«. In: *Lebensmittel Zeitung*, 62. Jg., H. 38, 2010b, S. 4.

Mende, Jan: »Schlecker erfindet sich«. In: *Lebensmittel Zeitung*, 62. Jg., H. 41, 2010c, S. 1.

Mende, Jan: »Schlecker schrumpft«. In: *Lebensmittel Zeitung*, 62. Jg., H. 51, 2010d, S. 1.

Mende, Jan: »Schlecker strukturiert Führung um«. In: *Lebensmittel Zeitung*, 63. Jg., H. 3, 2011a, S. 4.

Mende, Jan: »›Kein Konzept kann mit Schlecker konkurrieren‹«. In: *Lebensmittel Zeitung*, 63. Jg., H. 6, 2011b, S. 3.

Mende, Jan: »Alles neu in Allmendingen«. In: *Lebensmittel Zeitung*, 63. Jg., H. 6, 2011c, S. 36.

Mende, Jan: »Schlecker blitzt bei Kapitalgebern ab«. In: *Lebensmittel Zeitung*, 63. Jg., H. 46, 2011d, S. 4.

Mende, Jan: »Schlecker lässt sich in die Bücher schauen«. In: *Lebensmittel Zeitung*, 63. Jg., H. 51, 2011e, S. 4.

Mercer Management Consulting: »Mercer-Studie zum Drogeriesektor in Deutschland – Dynamische Fachmärkte haben die Vollsortimenter überholt«, 26.04.2006. Auf: http://www.presseecho.de/wirtschaft/3730815008.htm, 01.06.2010.

Mielke, Jahel: »Endgültig Schluss bei Schlecker«, 27.06.2012. Auf: http://www.tagesspiegel.de/wirtschaft/insolvenz-endgueltig-schluss-bei-schlecker/6801716.html, 24.07.2012a.

Mielke, Jahel: »Was von Schlecker bleibt«, 06.06.2012. Auf: http://www.tagesspiegel.de/wirtschaft/drogeriekette-was-von-schlecker-bleibt/6715142.html, 24.07.2012b.

OC&C Strategy Consultants: »König Kunde – Was treibt das Kaufverhalten des Kunden? Der OC&C-Proposition-Index 2010«, 9/2010. Auf: www.lebensmittelzeitung.net/studien/pdfs/189_.pdf, 04.03.2012.

Öchsner, Thomas: »›Das ist eine einmalige Schweinerei‹«, 02.12.2009.

Auf: http://www.sueddeutsche.de/wirtschaft/drogeriekette-schlecker-das-ist-eine-einmalige-schweinerei-1.127172, 06.03.2012.

Osterloh, Margit / Weibel, Antoinette: *Investition Vertrauen: Prozesse der Vertrauensentwicklung in Organisation.* Wiesbaden 2006.

O. V.: »Schlecker büßt Wachstumsdynamik ein«, 22.12.2004. Auf: http://www.handelsblatt.com/unternehmen/handel-dienstleister/schlecker-buesst-wachstumsdynamik-ein;838388, 28.05.2010.

O. V.a: »Merkel wettert gegen Schlecker«, 22.03.2010. Auf: http://www.derhandel.de/news/finanzen/pages/Lohnpolitik-Merkel-wettert-gegen-Schlecker-5938.html, 02.04.2012.

O. V.b: »Deutscher Betriebsrätepreis 2010«. Auf: http://www.deutscherbe-triebsraete-preis.de/deutscherbetriebsraete-preis/img/DBRP2009_2011_AiB012012.pdf, 02.04.2012.

O. V.c: »Woolworth startet neu«, 01.07.2010. Auf: http://www.derhandel.de/news/unternehmen/pages/Warenhaeuser-Woolworth-startet-neu-6364.html, 02.04.2010.

O. V.d: »52 Must Read Quotes from Legendary Investor – Warren Buffett«. Auf: http://investing-school.com/history/52-must-read-quotes-from-legendary-investor-warren-buffett, 17.03.2012.

O. V.e: »Übersicht Filialen und Mitarbeiter«. Auf: http://www.lebensmittel-zeitung.net/unternehmen/pages/pdfs/1/1199-pdf.pdf, 15.04.2012.

O. V.f: »Anton Schlecker – Meilensteine, 06.03.2012«. Auf: http://www.lebensmittelzeitung.net/unternehmen/pages/pdfs/1/1201-pdf.pdf, 05.04.2012.

O. V.g: »Ihr Platz wird zerlegt – Mäc Geiz und Co. greifen zu«, 20.07.2012. Auf: http://www.welt.de/newsticker/dpa_nt/infoline_nt/wirtschaft_nt/article108343913/IhrPlatz-wird-zerlegt-Maec-Geiz-und-Co-greifen-zu.html, 24.07.2012.

O. V.h: »Schlecker hat Schulden von mehr als einer Milliarde Euro«, 19.07.2012. Auf: http://www.zeit.de/wirtschaft/unternehmen/2012-07/schlecker-insolvenz-schulden, 24.07.2012.

O. V.i: »Finanzinvestor kauft Schlecker-Filialen«, 31.07.2012. Auf: http://www.spiegel.de/wirtschaft/unternehmen/filialen-von-schlecker-in-oesterreich-sind-verkauft-a-847457.html, 10.08.2012.

Peters, Thomas J. / Waterman, Robert H.: *In Search of Excellence – Lessons from America's best-run Companies.* New York 1984.

Peters, Thomas J. / Waterman, Robert H.: *Auf der Suche nach Spitzen-leistungen - was man von den bestgeführten US-Unternehmen lernen kann.* 9. Aufl. Frankfurt a. M. 2003.

Pothoff, Friedhelm: »Der XL-Markt«, 05.02.2009. Auf: http://www.derwesten.de/staedte/unser-vest/der-xl-markt-id153347.html, 17.03.2012.

Preuß, Susanne et al.: »Schlecker-Transfergesellschaft ist gescheitert«, 29.03.2012. Auf: http://www.faz.net/aktuell/wirtschaft/insolvente-drogeriekette-schlecker-transfergesellschaft-ist-gescheitert-11702024.html, 06.04.2012.

Rossmann: »Rossmann übernimmt 104 Ihr Platz-Filialen«, 18.07.2012. Auf: http://www.rossmann.de/presse/pressemitteilungen/artikel/rossmann-uebernimmt-104-ihr-platz-filialen.html, 24.07.2012.

Schikora, Sibylle: »Konkurrenzdruck – Schlecker trennt sich von den Mini-Filialen«, 19.03.2010. Auf: http://www.badische-zeitung.de/wirtschaft-3/schlecker-trennt-sich-von-den-mini-filialen, 01.06.2010.

Schlecker: »Der Konzern«. Auf: http://www2.schlecker.com/htdocs/cms/der_konzern_de.html, 08.06.2010.

Schlecker: »Wir sind Schlecker«, Auf; http://www1.schlecker.com/htdocs/cms/24034.html, 18.03.2012a.

Schlecker: »Schlecker-XL ohne wirtschaftlich vertretbare Fortführungs-perspektive, Neu-Ulm/Ehingen (Donau), Osnabrück, 28. Juni 2012«. Auf: http://www.schneider-geiwitz.de/fileadmin/PRESSE/mitteilungen/Pressemitteilung_Schlecker_XL_29-06-2012.pdf, 23.07.2012b.

Schlitt, Petra / Hinze, Henning: »Zum Wachsen verdammt – Die Schlecker-Expansion stößt erstmals an Grenzen«. In: *manager magazin*, 33. Jg., H. 3, 2004, S. 34 ff.

Schobelt, Frauke: »Schlecker: ›Oberflächliche PR-Kosmetik‹«, 15.01.2010. Auf: http://www.wuv.de/nachrichten/unternehmen/schlecker_oberflaechliche_pr_kosmetik, 28.05.2010.

Schreyögg, Georg: *Organisation – Grundlagen moderner Organisations-gestaltung.* 5. Aufl. Wiesbaden 2008.

Schuhmacher, Harald: »Schlecker knickt ein«, 11.01.2010. Auf: http://www.wiwo.de/unterneh-men/streitthema-zeitarbeit-schlecker-knickt-ein/5145080.html, 31.03.2012.

Seidel, Hagen / Wisdorff, Flora: »Das Schlecker-Aus, eine Niederlage für Ver.di«, 02.06.2012. Auf: http://m.welt.de/article.do?id=wirtschaft/article106408165/Das-Schlecker-Aus-eine-Niederlage-fuer-Ver-di&cid=wirtschaft&pg=0&li=1, 24.07.2012.

Sell, Stefan: »Schlecker als Fallbeispiel für Lohndumping und mehr – Anmerkungen zur Entwicklung der Arbeitsbedingungen im Einzel-handel, Remagener Beiträge zur aktuellen Sozialpolitik 04-2009«, Remagen 2009. Auf: http://daserste.ndr.de/panorama/media/panoramaschlecker100.pdf, 01.02.2012.

Simon, Hermann: *Hidden Champions des 21. Jahrhunderts: Die Erfolgs-strategien unbekannter Weltmarktführer.* Frankfurt a. M. 2007.

Sohr, Stephan: »Betriebsräte und Politiker protestieren gegen Schlecker-Konzern – Größere Märke, schlechtere Löhne«, 08.01.2010. Auf: http://

www.nordbayern.de/nuernberger-zeitung/nz-regionews/betriebsrate-und-politiker-protestieren-gegen-schlecker-konzern-1.629124, 18.03.2012.

Streichhahn, Vincent: »Schlecker macht dicht«, 28.06.2012. Auf: http://www.taz.de/Der-letzte-Tag/!96352, 24.07.2012.

Susenburger, Hans-Josef: »Schlecker: Die Chronik von Aufstieg und Fall«, 01.06.2012. Auf: http://www.faz.net/aktuell/wirtschaft/unternehmen/schlecker-die-chronik-von-aufstieg-und-fall-11770608.html, 23.07.2012.

TNS Infratest: »Wie funktioniert Kundenbindung«, o. J. Auf: http://www.tns-infratest.com/marketing_tools/pdf/TRIM/TRIM_Wie_funktioniert_Kundenbindung.pdf, 25.03.2012.

Ver.di: »XLplosiv – ver.di-Infomationen für Schlecker-Beschäftigte, GESCHAFFT! ver.di erzielt Tarifabschluss mit Schlecker«, 4/2010. Auf: http://www.ruedigerhelm.de/downloads/verdi_XLplosiv_04_final_lang.pdf, 06.03.2012.

Versammlung Eines Ehrbaren Kaufmanns zu Hamburg e.V.: »Leitbild des Ehrbaren Kaufmanns im Verständnis der Versammlung Eines Ehrbaren Kaufmanns zu Hamburg e.V.«. Auf: http://www.veek-hamburg.de/leitbild-des-ehrbaren-kaufmanns-im-verstaendnis-der-versammlung-eines-ehrbaren-kaufmanns-zu-hamburg-e-v, 10.04.2012.

WDR: »Schleckers miese Masche mit den XL-Märkten – Lohndumping Ausbeutung«. In: *markt*, Sendung v. 27.07.2009. Auf: http://www.youtube.com/watch?v=QC5OS2qKKaU&feature=results_video&playnext=1&list=PLEC4C2A35CFFA699F, 30.03.2012.

Wieking, Klaus: »»Um Schlecker trauert niemand««. In: *W&V*, 40. Jg., H. 4, 2012, S. 20 f.

Wir-sind-Ehingen: »Die Zusammenfassung der Schlecker Pressekonferenz«. Auf: http://www.youtube.com/watch?v=bSsyHqHKqyk&feature=related, 30.03.2012.

ZDF: »Lohndrücken nach Schlecker-Art – Abgeschoben in die Leiharbeit«. In: *Frontal 21*, Sendung v. 01.12.2009. Auf: http://www.youtube.com/watch?v=xBS1LgdSEmw, 31.03.2012.

VERWEISE

Hinweis: Internetquellen werden mit der Jahresangabe aus der Quelle zitiert, ansonsten mit dem Zugriffsjahr.

1 Vgl. Kabel 1, 2009. Die nachfolgenden Zitate sind der Reportage entnommen.
2 Schlecker, 2010.
3 Vgl. Wir-sind-Ehingen, 2012.
4 Vgl. Alter, 2011, S. 4 ff.
5 Vgl. Alter, 2011, S. 4 ff.; Dillerup/Stoi, 2011, S. 34 ff.
6 Versammlung Eines Ehrbaren Kaufmanns zu Hamburg e.V., 2012.
7 Vgl. zu Krisenarten und -ursachen: Krystek, 2006; Berger, 2009.
8 Vgl. Schlecker, 2010.
9 Vgl. Bormann, 2007, S. 27.
10 Keun/Langer, 2003.
11 Vgl. Schlecker, 2010.
12 Buchenau, 2009.
13 Vgl. ebd.
14 Vgl. dazu die Aussagen von Anton Schlecker in: Hirn/Schwarzer, 2010.
15 Vgl. ARD, 2004.
16 Hage/Hirn, 2012.
17 Vgl. Schreyögg, 2008, S. 199.
18 Keun/Langer, 2003.
19 Kaiser, 2005.
20 O. V., 2004; siehe auch Schlitt/Hinze, 2004.
21 Schlecker, 2010; Hervorhebung durch den Verfasser.
22 Vgl. Mercer Management Consulting, 2006. Die nachfolgenden Zitate sind dem Artikel entnommen.
23 Vgl. KPMG, 2006.
24 TNS Infratest, 2012.
25 Hirn/Sucher, 2008.

26 Vgl. Hirn/Sucher, 2008; Kaufmann, 2007.

27 Hirn/Schwarzer, 2010.

28 Buffett, 2012.

29 Vgl. Frener/Ronke, 2009; Schlecker, 2010.

30 Hirn/Schwarzer, 2010.

31 Vgl. Peters/Waterman, 1984; Peters/Waterman, 2003.

32 Vgl. Alter/Kalkbrenner, 2010; Simon, 2007.

33 Kabel 1, 2009.

34 Brigitte, 2012.

35 Brigitte, 2012.

36 Bundesarbeitsgericht, 2010.

37 Pothoff, 2009.

38 ARD, 2009.

39 Sell, 2009.

40 WDR, 2009.

41 Vgl. Kabel 1, 2009. Die nachfolgenden Zitate sind der Reportage ent-
    nommen.

42 Dass kein Gespräch mehr stattfand, bestätigte Frau Jerutka in einem
    Telefonat mit dem Verfasser am 02.04.2012.

43 Vgl. Axel Springer Preis für junge Journalisten, 2012.

44 Öchsner, 2009.

45 Amann, 2011.

46 Deutscher Bundestag, 2009. Die betreffende Sequenz ist auch in der
    ZDF-Reportage (Frontal 21: »Lohndrücken nach Schlecker-Art – Abge-
    schoben in die Leiharbeit«) enthalten; vgl. ZDF, 2009. Zwischen dem
    stenographischen Protokoll und der Filmaufzeichnung bestehen klei-
    nere Abweichungen.

47 Ebd.

48 Wie weit sich Anton Schlecker von den Ideen der Sozialen Marktwirt-
    schaft entfernt hat, zeigt folgende Grundsatzaussage zu ihren Prinzipien:
    »Die Soziale Marktwirtschaft funktioniert nur mit gesetzlichen Regeln
    und mit Verantwortung und Haftung für das eigene Handeln. Wer in der
    Sozialen Marktwirtschaft Vertrauen schaffen und erhalten will, muss
    glaubhaft und dauerhaft Werte vorleben und sein Handeln begreifbar
    machen.« BDA – Bundesvereinigung der Deutschen Arbeitgeberver-
    bände, 2012.

49 Sohr, 2010.

50 Ebd.

51 Schumacher, 2010.

52 Flaig, 2010.

53 Hirn/Schwarzer, 2010.

54 Ebd.

55 Ebd.

56 Vgl. z. B. Arquis Rechtsanwälte, 2011.

57 Beck, 2010.

58 Schobelt, 2010.

59 Vgl. Sohr, 2010.

60 O. V.a, 2010.

61 Hirn/Schwarzer, 2010.

62 Vgl. Bormann, 2007.

63 Ver.di, 2010.

64 O. V.b, 2010.

65 Vgl. Alter, 2011, S. 11 f.

66 Vgl. Hirn/Schwarzer, 2010.

67 Vgl. ebd.

68 Hielscher, 2010.

69 Hirn/Schwarzer, 2010.

70 Vgl. Buschmann, 2006, S. 244 ff.; Krystek/Moldenhauer, 2007, S. 137 ff.

71 Vgl. Schikora, 2010.

72 Vgl. Hirn/Schwarzer, 2010.

73 Schlecker, 2010.

74 Vgl. Alter, 2011, S. 23.

75 Hirn/Jensen, 2010.

76 Vgl. Schlecker, 2010.

77 »Wir wollen der nette Nachbar sein, zu dem man auch in Bademantel und Schlappen auf einen Schwatz geht.« Lars Schlecker in: Amann, 2011.

78 Vgl. auch Wieking, 2012.

79 Vgl. ECE, 2012. Nicht berücksichtigt sind in Planung befindliche Objekte.

80 »2007 hat die AFP GmbH in Perl erfolgreich einen Lidl Lebensmittelmarkt und einen DM-Drogeriemarkt fertig gestellt. Die Gemeinde Perl ist sehr stark durch den Einfluss der angrenzenden Länder Luxemburg und Frankreich geprägt, wodurch der Bedarf an Gütern des täglichen Bedarfs weit über die Grenzen hinaus gedeckt wird. Die Märkte haben sich in kürzester Zeit so etabliert, dass beide zum zweiten Mal erweitert werden müssen.« AFP, 2012.

81 Vgl. z. B. Bürgermeisteramt Hügelsheim, 2011.

82 Hirn/Jensen, 2010.

83 Vgl. Alter, 2011, S. 237 ff.

84 Amann, 2011.

85 Vgl. Bundesanzeiger, 2012.

86 Vgl. Bundesanzeiger, 2011.

87 Bundesanzeiger, 2012.

88 Vgl. Amann, 2011; Hirn/Jensen, 2010

89 Vgl. Krüger, 2009, S. 145.
90 Hirn/Jensen, 2010.
91 Vgl. Amann, 2011, Schlecker, 2012a.
92 Schlecker, 2012a.
93 Buffett, 2012.
94 Vgl. Luhmann, 1973; Osterloh/Weibel, 2006, S. 35.
95 Schlecker, 2010.
96 Vgl. OC&C Strategy Consultants, 2010.
97 O. V.c, 2010.
98 Eisert/Rettig, 2012.
99 Vgl. Landau Media, 2012.
100 Ebd.
101 Ebd.
102 Vgl. Berger, 2011; Brenner, 2011.
103 Vgl. Hielscher/Schuhmacher, 2012a; HR, 2012.
104 Vgl. Eisert/Rettig, 2012.
105 Vgl. Wir-sind-Ehingen, 2012.
106 Vgl. Giersberg, 2012.
107 Vgl. Preuß et al., 2012.
108 Vgl. Jekosch, 2012; Seidel/Wisdorff, 2012.
109 Geiwitz, A; zitiert nach Eisert, 2012.
110 Vgl. Mielke, 2012a.; Streichhahn, 2012.
111 Vgl. Hielscher/Schuhmacher, 2012b, Schlecker, 2012b.
112 Vgl. Rossmann, 2012; O. V.g, 2012.
113 Vgl. O. V.h, 2012; Mielke, 2012b.
114 Vgl. Hägler, 2012b.
115 Versammlung Eines Ehrbaren Kaufmanns zu Hamburg e.V., 2012.
116 Vgl. Deloitte, 2010. Dem Mittelstand werden dabei eigentümergeführte Unternehmen sowie managementgeführte Unternehmen mit Eigentümereinfluss ab einer Umsatzgröße von etwa 50 Millionen Euro und einer Mitarbeiterzahl von bis zu 3000 Mitarbeitern zugerechnet.
117 Deloitte, 2010.
118 Vgl. Collins/Porras, 1997.
119 Vgl. Alter, 2011, S. 15 f.
120 Siehe z. B. den Beitrag von MSI in: Alter, 2011, S. 367 ff.
121 Vgl. Hirn/Schwarzer, 2010.
122 Collins, 2003.
123 Hirn/Schwarzer, 2010.
124 Vgl. Alter/Kalkbrenner, 2010.